1984

ESSAYS ON HISPANIC LITERATURE

* * * * *

ENSAYOS DE LITERATURA HISPANA

A Bilingual Anthology

Marguerite C. Suárez-Murias
Professor of Spanish
College of Letters and Science
The University of Wisconsin-Milwaukee

University Press of America
Washington, D.C.
1982

i

Copyright © 1982 by

University Press of America, Inc.

P.O. Box 19101, Washington, D.C. 20036

Library of Congress Cataloging in Publication Data

Suárez-Murias, Marguerite C., 1921-
   Essays on Hispanic literature = Ensayos de literatura
hispana.

   Reprinted from various periodicals.
   Includes index.
   1. Spanish American literature--History and criticism--
Addresses, essays, lectures. 2. Spanish literature--
History and criticism--Addresses, essays, lectures.
I. Title. II. Title: Ensayos de literatura hispana.
PQ7081.S78 1982   860'.9'972
ISBN (Perfect): 0-8191-2601-2
ISBN   (Cloth): 0-8191-2600-4
      LCN: 81-43911

Typeset by Monotype Composition Company, Inc.
Baltimore, Maryland

860.9
8939

Table of Contents

109,131

Preface

The essays contained in this anthology respond to the same desire of manifesting cultural expressions in art as that of the original authors studied here, who felt their cultural and national concerns as the basis for their aesthetic principles and artistic goals. The variety of studies offered, all essentially on Hispanic themes, is based on topics drawn from the novel, the short story, and the editorial essay. On occasions a study tends to be pedagogical, biographical, or even journalistic, such as the news item on the American Geographical Society on the Caribbean. Some of the essays ponder the precious heritage of the Spanish language; others respond to the incipient national awareness of nineteenth century Spanish America, in the Caribbean as in Argentina. National consciousness in these essays can be voiced in the cry of an individual or in the collective drive of the people, in the Iberian Peninsula or in Hispanic America. Other essays prove that the concern over Black and Indian issues was as much a part of the written expression in the past century as it is at present. As a whole, creative expression for most of the authors studied in this anthology is based on social concern, even within the variance of stylistic display.

This is an open anthology. Some of the essays are in Spanish and some in English, as if confirming the bilingual trend of present U.S.A. and the existing hope for solidarity between the great cultures of the Northern and Southern Hemispheres of the Americas in their democratic ideals.

Marguerite C. Suárez-Murias

I

La lengua española, patrimonio espiritual y político

Appeared first in *Revista Iberoamericana*, No. 78 (enero-marzo de 1972), pp. 133–141.

La lengua española, patrimonio espiritual y político

Las consideraciones sobre la lengua siempre han tenido un matiz espiritual y político. En el siglo XVI el castellano es la lengua común de un vasto imperio colonial. Es la lengua española, el lazo vital con la madre patria. Al independizarse las colonias de España, quedaba pendiente el tema de la lengua sobre el cual debía tomarse una decisión americanista. ¿Entraba o no el español en el orden de las nuevas naciones, o se descartaba con todo lo vencido de la colonia? Tal singular consideración, en vista de que no había al parecer alternativa, suscitó no obstante frecuentes afirmaciones sobre la lengua y aun reñidas polémicas.

Entre los argentinos de la primera generación después de la Independencia, el tema de la lengua fue muy debatido como parte de una conciencia americanista. Esteban Echeverría, en las páginas del *Dogma socialista de la Asociación de Mayo*, declara: "El único legado que los americanos pueden aceptar y aceptan de buen grado de la España, porque realmente es precioso, es el *idioma*; pero a condición de mejora, de transformación progresiva, es decir, de emancipación."[1]

Juan Bautista Alberdi, también del grupo de la Asociación de Mayo, pensó en la necesidad de cambiar la estructura de la lengua española, sin encontrar por el momento la forma: "Si es necesario abandonar la estructura española de la lengua que hablamos, y darla una forma americana y propia, ¿cuál pues deberá ser esta

3

forma? Ella no está dada, como no está tampoco la forma de nuestra sociedad: lo que sabemos es que a quien toca darla es al pueblo americano y no al pueblo español."[2]

No obstante, el consejero en este campo había de ser Mariano José de Larra, español, pero liberal, progresista y crítico de su época. La fórmula del maestro citada por Alberdi decía: "Las lenguas siguen la marcha de los progresos y de las ideas; pensar fijarlos en un punto dado a fuer de escribir castizo, es intentar imposible; es imposible hablar en el día el lenguaje de Cervantes, y todo el trabajo que en tal laboriosa tarea se invierta, sólo podrá perjudicar a la marcha y al efecto general de la obra que se escribe."[3] Tomando al pie de la letra el dictamen con su ejemplo se entiende. Ideológicamente, la palabra progreso debía implicar adquisición de vocablos nuevos por necesidades de circunstancias. Y en ese sentido razonaba Alberdi, a lo menos en parte. La lengua americana había de formarse en el pueblo americano. Pero la gran admiración que sentía por todo lo francés, llevó al joven literato a deducciones forzadas. Alberdi opinaba, siguiendo la ideología de su época, que existía un progreso gramatical filosófico común a todas las lenguas, cuyo objeto era "conquistar para la emisión del pensamiento una forma cada día más simple, más exacta, más breve, más elegante."[4] La lengua francesa representaba cabalmente todo esto. El francés, nota Alberdi, es una lengua de gran perfección filosófica. De allí que aproximarse a esta forma por las imitaciones francesas sería acercarse a la perfección de la lengua americana, porque las formas de la lengua francesa eran en realidad las formas del pensamiento perfeccionado, y por lo tanto, más bien formas racionales y humanas que francesas. Considerando que la lengua es una faz del pensamiento, perfeccionar una lengua es perfeccionar el pensamiento; así imitar una lengua perfecta es imitar un pensamiento perfecto, es adquirir lógica, orden, claridad, "es perfeccionar nuestro pensamiento mismo".[5] Después de esta escapada intelectual, Alberdi concluye en tierra firme: "La revolución americana de la lengua española comenzó el día que los españoles por la primera vez pisaron las playas de América. Desde aquel instante ya nuestro suelo les puso acentos nuevos en su boca, y sensaciones nuevas en su alma. La revolución americana la envolvió en su curso; y una juventud llena de talento y de fuego acabó de comunicarla."[6] El idioma español nunca dejaba de representar la vieja España. Años más tarde, Juan María Gutiérrez, también del grupo inicial de la Asociación de Mayo, rechaza el cargo de miembro correspondiente de la Real Academia Española que se le confiere. Ya no habla el joven de la Asociación de 1837. Es el respetado crítico y literato y el año es 1875. Juan María Gutiérrez expone las razones que le llevan a tal decisión en una epístola razonada en dos partes: una lingüística en la que señala una realidad nacional incompatible con la de los estatutos de la Academia, y una segunda parte en la que indica categóricamente su desacuerdo con la ideología que representa la Academia. Según el artículo primero de los estatutos, observa J. M. Gutiérrez, la función de la Academia es cultivar y fijar la pureza y elegancia de la lengua castellana. No se considera él capaz de dar cumplimiento a ello. En las calles de Buenos Aires en 1875 resonaban los acentos de una multitud de dialectos e idiomas. Comenta J. M. Gutiérrez: "Estos diferentes sonidos y modos de expresión cosmopolitizan nuestro oído y nos inhabilitan para intentar siquiera la inamovilidad de la lengua nacional en que se escriben nuestros numerosos periódicos, se dictan y discuten nuestras leyes, y es vehículo para comunicarnos unos con otros los 'porteños'."[7] Aun en el reducido número de hombres cultos es difícil la tarea, añade Gutiérrez. Los que siguen carreras liberales son hombres prácticos y de su tiempo antes que nada, y no leen sino los libros que actualmente necesitan saber y no los autores clásicos, "que forman el concilio infalible en materia de lenguaje castizo".[8] No niega J. M. Gutiérrez la urgencia de levantar un dique a las invasiones extranjeras en los dominios de la lengua, pero por otra parte, pregunta el crítico y polemista: "—¿Estaría en nuestro interés crear obstáculos a una avenida que pone tal vez en peligro la gramática, pero que puede ser fecunda para el pensamineto libre? . . . ¿Qué interés verdaderamente serio podemos tener los americanos en fijar, en inmovilizar, a la gente de nuestras ideas, al cooperador en nuestro discurso y raciocinio? ¿Qué puede llevarnos a hacer esfuerzos porque al lenguaje que se cultiva a las márgenes del Manzanares, se amolde y esclavice el que se transforma como cosa humana que es, a las orillas de nuestro mar de aguas dulces? ¿Quién podrá constituirnos en guardianes celosos de una 'pureza' que tiene por enemigos a los mismos peninsulares que se avecinan a esta Provincia?"[9] En estas preguntas observamos siempre la misma asociación de *discurso y raciocinio* y la idea de *transformación* del idioma al que llama *lengua nacional.* Luego observa Juan María Gutiérrez que los jóvenes que venían de España a enseñar, al acercarse a él como a Director del ramo, divulgaban ellos mismos tales provincialismos y tal dejo antiestético de la pronunciación (a pesar de la competencia que mostraban en prosodia y ortología teóricas), que había de dudar si eran españoles, en su opinión.

La noción de la transformación de la lengua formulada en tiempos de la Asociación de Mayo perduraba fiel en el pensar de Juan María Gutiérrez. La lengua se transformaría asociada al pensamiento, llevada irresistiblemente por la sucesión de los años, *revolucionarios del tiempo:* "El pensamiento se abre por su propia fuerza el cauce por donde ha de correr, y esta fuerza es la salvaguardia verdadera y única de las lenguas, las cuales no se ductilizan y perfeccionan por obra de gramáticos, sino por obra de los pensadores que de ellas se sirven."[10]

Juan María Gutiérrez expone a continuación otras razones aún más poderosas que justifican la devolución del valioso diploma que le confería la Academia. Consideraba peligroso para un sudamericano aceptar un título dispensado por la Academia Española por no querer verse ligado con el vínculo poderoso de la gratitud a un cuerpo que como compuesto de hombres profesaba creencias religiosas y políticas ajenas a las suyas. Es más, J. M. Gutiérrez descubre un espíritu ajeno al suyo en sudamericanos de la antigua Colombia, que habían aceptado el encargo de fundar Academias correspondientes con la de Madrid. Les amonesta el patriota argentino en estos términos: "Adviértoles a todos caminar en el rumbo extraviado y retrospectivo, con respecto al que debieran seguir, en mi concepto, para que el mundo nuevo se salve, si es posible, de los males crónicos que afligen al antiguo."[11]

No peca J. M. Gutiérrez de antiespañol. Es que le duele el percibir un retroceso ideológico: "La mayor parte de esos americanos, se manifiestan afiliados, más o menos a sabiendas, a los partidos conservadores de la Europa, doblando la cabeza al despotismo de los flamantes dogmas de la iglesia romana, y entumeciéndose en un doble ultramontanismo, religioso y social."[12]

Concluye J. M. Gutiérrez su epístola al señor secretario de la Academia en un espíritu panteísta que recuerda a Rousseau. Deplora la asociación servil y académica del idioma a la religión y alaba el estudio de la naturaleza donde encuentra en sus leyes "el motivo de la adoración que la criatura racional pueda rendir al criador (*sic*) invisible y desconocido de tanta maravilla como la rodea."[13]

La epístola de Juan María Gutiérrez al secretario de la Real Academia Española suscitó críticas por parte de sus amigos, entre ellos Juan Bautista Alberdi, y aun de la prensa en el caso de un periodista español residente en Buenos Aires, Juan M. Villergas. Surgió una polémica que resultó en seis artículos del panfletista español y diez cartas del escritor argentino.[14]

Mucho más resonancia, desde luego, tuvo la polémica de la lengua que surgió en Chile en la década de 1840. Para hablar de ella tenemos que volver a los años de destierro de los jóvenes patriotas argentinos. Por aquella época, el maestro de la juventud era José Victorino Lastarria. Compartía su entusiasmo el proscrito argentino Domingo Faustino Sarmiento. Al estimular Lastarria a los jóvenes chilenos a producir una literatura americana, les habla también de la lengua española como una herencia preciosa: "Os aseguro que sacaréis siempre provecho señalado, si no sois licenciosos para usarla, ni tan rigoristas como los que la defienden tenazmente contra toda innovación, por indispensable y aventajosa que sea."[15]

El consejo indicaba ya las polémicas que habían de surgir entre tradicionalistas y progresistas, entre Andrés Bello y sus discípulos, y Domingo Faustino Sarmiento y los emigrados argentinos Vicente Fidel López, Juan María Gutiérrez, Juan Bautista Alberdi. La polémica de la lengua surgió incidentalmente por una reseña de unos "Ejercicios populares de la lengua castellana", de Pedro Fernández Garfias, inserto en el Mercurio de 27 de abril de 1842. El artículo iba precedido de un comentario de Sarmiento. El joven proscrito, sin desmentir el buen propósito del texto, aprovechó la ocasión para señalar que la función de los gramáticos y de las academias era la de codificar e incorporar nuevos vocablos y acepciones sancionadas por el uso del pueblo.[16] Al entusiasmo liberal del joven Sarmiento se imponía el tradicionalismo de Andrés Bello, y su dictamen era absoluto: "En las lenguas, como en la política, es indispensable que haya un cuerpo de sabios, que así dicte las leyes convenientes a sus necesidades como las del habla en que ha de expresarlas; y no sería menos ridículo confiar al pueblo la decisión de sus leyes que autorizarle en la formación del idioma. En vano claman por esa libertad romántico-licenciosa del lenguaje, los que por prurito de novedad, o por eximirse del trabajo de estudiar su lengua, quisieran hablar y escribir a su discreción."[17] Bello se limitó a publicar tan sólo un artículo en la famosa polémica, el cual apareció en *El Mercurio* de Valparaíso el 12 de mayo de 1842.

La respuesta de Sarmiento fue enérgica. Iba dirigida a la juventud: "Cambiad de estudios, y en lugar de ocuparos de las formas, de la pureza de las palabras, de lo redondeado de las frases, de lo que dijo Cervantes o fray Luis de León, adquirid ideas de dondequiera que vengan . . . echad miradas observadoras sobre vuestra patria, sobre el pueblo, las costumbres, las instituciones, las necesidades actuales. . . ."[18] El inspirarse en lo americano era el primer paso. Lo importante era producir una literatura nueva americana. La preocupación por la forma no tendría tanta importancia. La crítica curaría de los defectos y éstos con el tiempo desaparecerían.

Sarmiento abogaba en favor del progreso en los estudios. Se lamentaba que se usara aún la antigua gramática de Hermosilla, "el retrógrado absolutista", autor de un libro "que debía ser quemado, y no andar de modelo de lenguaje entre las manos de nuestra juventud".[19] Sarmiento defiende también la noción del progreso aplicado a la lengua: "Nosotros creemos en el progreso, es decir, creemos que el hombre, la sociedad, los idiomas, la naturaleza misma, marchan a la perfectabilidad, que por tanto es absurdo volver los ojos atrás, y buscar en un siglo pasado modelos de lenguaje, como si cupiese en lo posible que el idioma hubiese llegado a la perfección en una época a todas luces inculta, cual es la que citan nuestros antagonistas; como si los idiomas, expresión de las ideas, no marchasen con ellas; como si en una época de rejeneración (*sic*) social, el idioma legado por lo pasado había de escapar a la innovación y a la revolución."[20] Hasta aquí hemos citado observaciones sobre la lengua expresadas con entusiasmo por jóvenes literatos amantes de su americanismo.[21] Jóvenes que más tarde fueron escritores de nombre, juristas y estadistas, pero que en aquel tiempo apenas podían compararse con la ilustre figura de don Andrés Bello, mayor de dos generaciones en el mundo de las letras, formado en el espíritu enciclopedista. Filólogo, poeta, literato, jurisconsulto, filósofo, naturalista y sobre todo, educador, su *Gramática de la lengua castellana* sigue siendo hoy día la mejor gramática que tenemos de la lengua española.[22]

En el "Prólogo" a su *Gramática* Andrés Bello parece responder a todas las observaciones sobre la lengua, de la juventud ilustrada. Una de las primeras advertencias en el nombrado "Prólogo" es que no se debía "trasladar ligeramente las afecciones de las ideas a los accidentes de las palabras. Se ha errado no poco en filosofía —asevera— suponiendo a la lengua un trasunto fiel del pensamiento; y esta misma exagerada suposición ha extraviado a la gramática en dirección contraria: unos argüían de la copia al original; otros del original a la copia."[23] En una frase deshace Bello todas las objeciones que habían surgido en las polémicas de 1842: "No he querido, sin embargo, apoyarme en autoridades, porque para mí la sola irrecusable en lo tocante a una lengua es la lengua misma" (p. 9). La conciencia americanista la expresa Bello al decir: "No tengo la pretensión de escribir para los castellanos. Mis lecciones se dirigen a mis hermanos, los habitantes de Hispanoamérica" (p. 11). En cuanto al valor que le señala a la lengua española, afirma: "Juzgo importante la conservación de la lengua de nuestros padres en su posible pureza, como un medio providencial de comunicación y un vínculo de fraternidad entre las varias naciones de origen español derramadas sobre los dos continentes" (p. 11). Concuerda Andrés Bello con el deseo de los jóvenes americanistas del pensar social y progresista al admitir: "No es purismo supersticioso lo que me atrevo a recomendarles. El adelantamiento prodigioso de todas las ciencias y las artes, la difusión de la cultura intelectual y las revoluciones políticas, piden cada día nuevos signos para expresar ideas nuevas. . . ." (p. 11). Bello dio cabida en el idioma a vocablos americanos así como no quiso proscribir las locuciones castizas que pudieran subsistir en Hispanoamérica aun cuando pasaran por anticuadas en España. Asimismo señala la posibilidad de parelelismos regionales: "Chile y Venezuela tienen tanto derecho como Aragón y Andalucía para que se toleren sus accidentales divergencias, cuando las patrocina la costumbre uniforme y auténtica de la gente educada" (p. 13). Y concluye el prólogo a su gramática revelando el amor que siente por un ramo de la enseñanza, que si no es ciertamente el más lucido, como dice, es uno de los más necesarios.

Lo que han observado otros escritores sobre la lengua en más de un siglo sólo reitera y corrobora lo dicho por Andrés Bello.

León Mera en el Ecuador, al desear ver una literatura americanista, aclara en seguida: "No decimos que la literatura sudamericana debe nunca dejar de ser española por la forma y la lengua; muy al contrario, nos place que se observen las leyes del buen gusto castellano, y somos entusiastas defensores del habla que trajeron nuestros mayores."[24] León Mera también defiende la necesidad de incorporar vocablos indígenas al español cuando en la traducción no guardaren el significado original. Por ejemplo: "Si para expresar aquel aguacerillo menudo y ralo que cae a veces mientras quema el sol, y que enferma y daña las plantas, empleamos la voz *llovizna*, no habremos dado idea ninguna de lo que conocemos con el nombre de *lancha*."[25]

El entusiasmo nacionalista llevó al literato mexicano Ignacio Manuel Altamirano a excederse en aprobar sin limitaciones el uso del habla popular, por lo cual fue reprobado categóricamente por su coetáneo Francisco Pimentel y Heras, crítico e historiador literario.[26] Polémica clásica que pudiera repetirse en la actualidad. En general, ha sucedido entre literatos en Hispanoamérica lo que en otros países: el uso discreto de la lengua ha preservado recíprocamente el valor pintoresco del diálogo popular en manos de buenos escritores realistas.

Los literatos y ensayistas de este siglo siguen repitiendo y resumiendo las mismas consideraciones sobre la lengua. En 1928, el erudito dominicano Pedro Henríquez Ureña escribe en Argentina uno de sus ensayos en busca de una expresión americana. El problema que desea solucionar es el de precisar el idioma americano, y desde luego dista más de ello que los que le precedieron en tal intento. Contra el *progreso y transformación* de la lengua de que hablaban los literatos de la Independencia, surgieron los *europeizantes* reaccionarios que tanto temía Juan María Gutiérrez. En este siglo ya no queda otro recurso, señala Pedro Henríquez Ureña, que ir tras el espíritu, ceñirse a los temas del Nuevo Mundo, buscar lo autóctono en la naturaleza, el indio, el criollo.[27] Pero, ¿no fue todo ello el afán y la expresión del liberalismo romántico en la literatura americana? ¿No fueron aquellos jóvenes patriotas y literatos los que sintieron cabalmente el espíritu americanista en su literatura? Ponderaron el idioma como herencia preciosa y con ella se expresaron en términos americanistas. Olvidada queda ya toda esa aportación inicial a favor de la labor ordenada de los gramáticos como Andrés Bello, José Rufino Cuervo. La opinión se vulgariza en el decir de Alfonso Reyes, ''No inventemos lenguas dentro de casa. Conviene que usemos de la única lengua internacional entre las repúblicas hispanoamericanas, la única en que todos podemos entendernos aproximadamente.''[28] Amado Alonso revisa la polémica de la lengua desde su origen peninsular en su obra *Castellano, español o idioma nacional*.

Transcurrido un siglo desde la Independencia, el que mejor supo interpretar esa preocupación de la lengua en su doble sentir espiritual y político fue el distinguido profesor y escritor argentino Ricardo Rojas, citado en la sucinta obra de Amado Alonso ya mencionada. Habla Ricardo Rojas en su discurso inaugural del Instituto de Filología de la Facultad de Filosofía y Letras en Buenos Aires: ''El solo nombre con que debemos llamar a la lengua de los pueblos hispánicos, es ya un problema de vanidades políticas. Así se ha resuelto en España, últimamente, que se le llame lengua española porque el nombre de lengua castellana hiere el regionalismo peninsular de vascos, gallegos y catalanes. Pero 'español' es un gentilicio de ciudadanía, como 'francés' e 'italiano', y puesto que la lengua española se habla en naciones independientes que ya no son políticamente españolas, ese nombre despierta otros recelos y sugiere designaciones como la de 'idioma nacional', adoptada por algunas repúblicas de América. Según esto, parecería lo más propio llamar 'castellano' al idioma del antiguo imperio español, como llamamos latín al del imperio romano, refiriéndonos sólo a su origen histórico y a su fuente geográfica, o bien 'lengua hispánica', para indicar nuestra comunidad idiomática con una sinonimia que sobrepase la nomenclatura de las actuales fronteras políticas."[29] Felizmente, la Academia Española conserva su antigua y prestigiosa directiva sobre la lengua para todos los que comparten la cultura hispánica.

Como última consideración sobre la lengua, pudiéramos ponderar de nuevo el precioso patrimonio de la lengua española, evocando a la vez, y por extensión, su segundo legado de conciencia americanista, tan valioso como el primero. Tal vez el sentimiento de la lengua sea aún más patente en regiones y territorios norteamericanos donde proporciona el español vínculos perdurables entre hispanos, sirviéndoles en espíritu de patria chica.

NOTAS

1. Esteban Echeverría, *Obras completas* (Buenos Aires: Casavalle, 1874), IV, 102.

2. Juan Bautista Alberdi, artículo, *El Iniciador* (1ro. de sept. de 1838), *Escritos satíricos y de crítica literaria* (Buenos Aires: Estrada, 1945), p. 225.

3. Alberdi, p. 226.

4. Ibid., p. 226.

5. Ibidem.

6. Ibid., p. 230.

7. Juan María Gutiérrez, *Artículos históricos literarios*, ed. Ernesto Morales (Buenos Aires: Estrada, 1940), p. 221.

8. Gutiérrez, p. 222.

9. Ibid., pp. 223–224.

10. Ibid., p. 224.

11. Ibid., p. 226.

12. Ibidem.

13. Ibid., p. 227.

14. Ibid., p. 217.

15. José Victorino Lastarria, *Recuerdos literarios* (Santiago de Chile: M. Servat, 1885), p. 108.

16. Armando Donoso, ed., *Sarmiento en el destierro* (Buenos Aires: M. Gleizer, 1927), pp. 56 et passim.

17. Andrés Bello, *Obras completas* (Caracas: Ministerio de Educación, 1956), IX, 438–39.

18. *Sarmiento en el destierro*, p. 68.

19. Ibid., p. 77.

20. Ibid., p. 97.

21. Aun en el caso de Juan María Gutiérrez, que conservó los mismos sentimientos y opiniones.

22. Valoración del erudito Amado Alonso en su "Introducción a los estudios gramaticales de Andrés Bello," *Obras completas*, IV, ix.

23. Bello, IV, 7.

24. León Mera, *Ojeda histórico-crítica sobre la poesía ecuatoriana desde su época más remota hasta nuestros días* (Barcelona: J. Cunil Sala, 1893), p. 425.

25. Mera, p. 432.

26. José Luis Martínez, *La emancipación literaria de México* (México: Antigua Librería Robredo, 1955), pp. 75–76.

27. Pedro Henríquez Ureña, *Obra crítica* (México: Fondo de Cultura Económica, 1960), pp. 244–49.

28. Alfonso Reyes, *Obras completas* (México: Fondo de Cultura Económica, 1956), IV, 196.

29. Amado Alonso, *Castellano, español o idioma nacional* (Buenos Aires: Editorial Losada, S. A., 1943), pp. 138–39.

II

The Influence of Victor Hugo on Esteban Echeverría's Ideology

Appeared first in *Latin American Literary Review*, Vol. VI, No. 11 (Fall-Winter 1977), pp. 13–21.

The Influence of Victor Hugo on Esteban Echeverría's Ideology

The influence that Victor Hugo exerted on Esteban Escheverría, the ideological leader of the romantic movement in Argentina, must be calculated in the full range of the term *romantic* as defined by the French leader in 1830, that is, as an aesthetic concept based on liberalism, equated to an ideology of social liberalism. The Argentinian poet and leader in turn translated this liberal concept of romanticism into an American expression of art and a national aspiration to political regeneration. It would be a false, simplistic consideration to isolate the influence of any one individual upon another. A broad social spectrum should be remembered in the education and formation of Esteban Echeverría, especially so in view of the very active period of literary and political history in France in the years 1825 to 1830, which mark Escheverría's sojourn abroad. When Escheverría was a student in Paris, Victor Hugo, three years his senior, had proclaimed, as the acknowledged leader of romanticism,[1] that liberty in the arts and liberty in society should be the ultimate goals of an enlightened people: "La liberté dans l'art, la liberté dans la societé, violà le double but auquel doivent tendre d'un même pas tous les esprits conséquents et logiques"[2] ["Liberty in the arts and liberty in society should be the dual goals to which all consequential and logical minds should aspire"]. To the Argentinian ideologist, liberty was also to mean the eventual intellectual emancipation from Europe.[3]

The doctrinary influence of Victor Hugo on Esteban Echeverría appears in his essay entitled *Classicism and Romanticism*. His comments are based on Victor Hugo's "Preface" to *Cromwell* and the "Preface" to *Hernani*, the latter in particular with reference to the passage that contains the famous statement "Le romantisme . . . n'est . . . que le libéralisme en littérature" ["Romanticism is but liberalism in literature"] and ends very suitably for an American interpretation, "Au peuple nouveau, art nouveau"[4] ["To a new country, a new art"].

We have no chronological order handed down to us of Echeverría's early prose writings. His literary, political, and personal notes found in notebooks and loose sheets were edited with his known poems and political writings by his compatriot Juan María Gutiérrez, who was himself a poet. They appeared posthumously in the decade of the seventies. In the fifth volume, Gutiérrez comments extensively on Echeverría's writings. His long footnote to Echeverría's literary studies, which include his essay *Classicism and Romanticism* is very revealing: "These essays are not exclusively the exposition of a new aesthetic, or the particular lessons of a preceptor within the limited sphere of the arts: they are in reality the exposition of one of the means by which the author had set himself to cause a drastic change and reform in a people who had become lethargic under the rule of tyranny."[5] As Juan María Gutiérrez points out further, for this program of liberal emancipation Echeverría went naturally to the younger generation and just as he intended to initiate such a change in the field of political ideology, attested later in his famous *Dogma socialista* [*Socialist Dogma*], he attempted to teach the same exercise of liberty in the expression of a new authentic literature. In this he set the example with his first long poem, *Elvira o la novia del Plata* [*Elvira or the Bride of El Plata*] (1832) and his two books of poems entitled *Consuelos* [*Consolations*] (1834) and *Rimas* [*Rhymes*] (1837). They represent a transference of European aesthetics to an American expression. *La cautiva* [*The Captive*], included in the book of *Rimas*, is one of the finest examples of autochthonous inspiration in the romantic vein.

Echeverría's first poems reveal still another assertion of individuality in the use of Spanish versification. The poems of his *Consuelos* are composed, as he stated in the preface, "in the style and form used by Spanish poets." *La cautiva* itself is written in octosyllabic verse. Echeverría comments in the preface to *Rimas,* with reference to *La cautiva,* that one day he fell in love with this old form of verse and added that he wanted to bring back to it the luster it once enjoyed. Then, curiously enough, to praise the purpose and beauty of this rhyme, he reverts to Frederich Schlegel's thoughts on the subject.[6] In 1837 it would seem that Echeverría was still the deferent student of romanticism. On the other hand, in the same preface, Echeverría explains his pleasure in autochthonous inspiration by defending his choice of setting, the American national scene. The land was theirs. It was their own rich inheritance. From it could be drawn not only their sustenance and comfort but poetry itself, for their moral delight and the foundation of a national literature.

The perspective Echeverría kept over issues of national import dates back to his student days abroad. The influence of European thought did not diminish his national pride, nor did it blind him against the country that his people had so recently fought in their struggle for independence. While in Paris, Echeverría was earnestly attempting to study Spanish versification on his own, which was far removed from what he called "his more serious studies." In later years, his biographer Juan María Gutiérrez pointed out how Echeverría wrote down sayings and expressions from classical Spanish writers in his notebook, which may account, he says, for the purity of Echeverría's Spanish.[7] When the value of Spanish itself was being debated among the young liberals of El Plata, Echeverría reiterated his defence of the Spanish language as a "precious heritage."[8]

Esteban Echeverría was twenty years old when he arrived in Paris to pursue his studies. He did not keep notes of social concern during his sojourn in Paris. He did keep copious notes on all his studies. His notebooks, as Juan María Gutiérrez points out, show his thirst for knowledge and his broad study interests. Of his personal life we have but a brief biographical sketch in retrospect. According to Juan María Gutiérrez, who had the task of sorting out his papers and notebooks, it was written on a loose sheet of paper in such careless penmanship and with ink by then so faint that the handwriting was difficult to decipher and a word or two were illegible. It is the same outline to which later biographers refer and which is well worth quoting for being both revealing in terms of indicating English and German influences on the young Argentinian and enigmatic for us in the lack of any reference to Victor Hugo:

> I was born in Buenos Aires . . . I did my preparatory studies in the School of Moral Sciences until the close of 1823, at which time I left school against my will to work full-time. During my spare hours I learned French and read history books and poetry. Dissatisfied with my career in the business world, I sailed for France in October 1825 in order to pursue my interrupted studies. The ship stopped at Bahía and Pernambuco for two months, and I arrived at Havre de Grace on February 27, 1826, and in Paris on March 6.
>
> There I felt the need to renew my studies, or rather to start studying again.
>
> I studied philosophy, history, geography, mathematics, physics, and chemistry until the end of 1829, when I made a trip to London and returned a month and a half later to continue my studies in political economy and law, to which I had thought I would devote myself. For reasons beyond my control, I was compelled to return to my native land. I sailed from Le Havre in May 1830, I arrived in Montevideo in June and in Buenos Aires early in July. During my stay in Paris, as an escape from my more serious studies, I devoted some time to reading books of literature. I was profoundly moved by Shakespeare, Schiller, Goethe, and Byron; they revealed a new world to me. It was then that I became susceptible to writing poetry, but I was not fully master of the Spanish language or of the art of versification in Spanish. I would fall asleep, book in hand, but with some effort on my part, I was able to versify in due time. Then I wrote some poems that my Argentinian friends in Paris greatly admired, but my vocation in poetry was not pronounced, nor could it be, absorbed as I was in studies so alien to it. The . . . [illegible word] and the spectacle of the sea lead me to my own inspiration. And so I continued writing verses. Then later, the degrading and backward conditions in which I found my country produced in me, my hopes deceived, a profound melancholia. I withdrew from society and in that period I found inspiration for the numerous works of which I published but a few under the title *Consolations* in the year 1834.[9]

Although the recital seems quite detailed in dates, it is surprising that he should not be more specific about literary issues in Paris.

Perhaps they were secondary to what he called "his serious studies." Or perhaps as a student he was more impressed by authors whose fame was already established than by a poet three years his senior who had just attained fame. I believe he was more inclined to associate Victor Hugo's name with a movement of liberal and social theories. Undoubtedly his personal unpublished notes on classicism and romanticism, in which he quotes, paraphrases, and debates Victor Hugo's prefaces, reflect his admiration for the French preceptor, not to mention the number of epigraphs in *Consuelos* and *Rimas* that bear his name. If Echeverría was profoundly impressed by Byron and temperamentally attracted to his image, there is no doubt that he looked upon Victor Hugo not only as a poet but as a theoretician and leader. At any rate, *Hernani* was represented on February 25, 1830. Its "Preface" is dated March 9. Echeverría sailed from Le Havre in May 1830.

It seems fairly natural that Echeverría as a young man of twenty-four should be drawn to the Byronic figure. A touch of Byron would always persist in him. His favorite poem was *El ángel caído* [*The Fallen Angel*], which he associated with Byron's *Don Juan*.[10] In his notes to this rather lengthy poem (close to 550 pages), he speaks of *substance* and *form* in art ["*fondo y forma* en el arte"]. For poetry with substance he cites the works of the English poets and in particular that of Byron as "electrifying the heart and subjugating the soul." For examples of form he cites the poetry of José Zorrilla, Arolas (a lesser poet), and that of Spanish poets in general.[11] That is not so surprising if one remembers that he studied Spanish versification assiduously during his sojourn in Paris.

There are really two distinct influences of Victor Hugo in the work of Esteban Echeverría: one, literary, the other, doctrinary; one reflected in his poetry, the other in his prose. The first aspect has been often reviewed; the second, simply mentioned but not appreciated in terms of its ultimate value. This is easily explained by the fact that in prose Echeverría's *Dogma socialista* became a document of historical importance. His poetry of national inspiration paved the way and made him known among the young intellectuals. Indeed, it became his passport to intellectual leadership, and with the support of his young colleagues (the future writers, patriots, generals, and statesmen of the nation), the *Dogma* came to light. Yet the somewhat forgotten, unpublished doctrinary notes reflect the lessons learned during his five years in France, lessons that became the basic material for his tutorial influence.

With respect to poetry, Victor Hugo's influence in Echeverría's poems would seem to be at times circumstantial and at times emotive, but never exceeding on the whole the influence of the other great French, English and German poets associated with romanticism. For passage analysis, modern critics rely on the basic study of Martín García Merou, *Ensayo sobre Echeverría* [*An Essay on Echeverría*] (Buenos Aires: J. Peuser, 1894). The commemorative celebration to honor Echeverría as a poet and a patriot in 1951 brought forth a number of texts, at least one of which was analytical about his poetry: Nydia Lamarque's *Echeverría, el poeta*. The author attempts a detailed and subjective study and concludes that the strongest influences in Echeverría's poetry are Byron, Chateaubriand, Hugo, Lamartine, Goethe and Ossian, in that order. Nydia Lamarque feels that, with respect to Hugo, Echeverría "turns to the less dramatic aspect of the master" ["vuelve a las palabras menos huguescas de Hugo"] and that the Argentinian poet, in the final analysis, relies more on the expression of his own intimate emotions (and here she notes the disparity in frame and disposition of the two men). Among the French poets, Nydia Lamarque considers that although Victor Hugo is at times imitated and often quoted in epigraphs, his influence is not as pronounced as that of Lamartine, and certainly not as powerful as that of Chateaubriand.[12]

It is not difficult for the studious researcher to discover analogies in Echeverría's poetry. He imitated often, sometimes very obviously, but his saving grace is that he turns his subject and his inspiration to national themes and aspirations. The influence of Victor Hugo or Chateaubriand in *La cautiva* does not detract from the originality of this classic of American romanticism.

A more important aspect of Victor Hugo's influence on Esteban Echeverría is reflected in the Argentinian's prose studies. One in particular, *Classicism and Romanticism* (previously cited), holds the core of Victor Hugo's romantic manifesto and the exposition of its transference to American ideals. It is here that I believe Victor Hugo's influence was the strongest, and, in the long run, the most beneficial, since the application of the romantic dogma ultimately fostered a concept of intellectual emancipation. Initially, it was a philosophy of liberalism which came very simply affiliated to a new understanding of art. It was an ideology that had evolved, nevertheless, within the framework of a period, a period the young Argentinian student had to understand, hence some insight must be given as to the background of Esteban Echeverría's studies in France and the existing circumstances in Buenos Aires upon his return.

In referring to the notebooks Echeverría kept of his studies in Paris, Juan María Gutiérrez was impressed by his broad and thorough training, especially in political science and philosophy. His outline of studies included Montesquieu, Sismondi, Wattel, Lerminier, Lamennais, Guizot, Lando, Vico, Saint Marc Girardin, Vinet, Chateaubriand, and Pascal (annotated in that order). The philosophers whose works he studied were: Tennemann, Leroux (*De l'éclectisme*), Cousin (*Histoire de la philosophie*), De Gérando (*De l'humanité*), and Damiron (*Cours de philosophie*).[13] Juan Bautista Alberdi, a friend and compatriot, referred to the education of Echeverría in these terms: "Favored by fortune and surrounded by advantageous means of being presented in social circles, he frequented the salon of Laffite, under the Restoration, and he met the most eminent intellectuals of the times, such as Benjamin Constant, Manuel Destutt de Tracy, and others."[14] The distinguished statesman, viewing Echeverría's life in retrospect, praised Echeverría for his political doctrinary leadership among the young intellectuals upon his return from France. In Alberdi's judgement, just as the French revolution of 1789 had favored the Argentinian liberation of 1810, the July insurrection of 1830 exercised in Buenos Aires an extraordinary influence that was not fully appreciated at first. Alberdi noted Echeverría's timely arrival in Buenos Aires and considered him the instrumental leader of a new liberal awakening in the region of El Plata. The historian Vicente Fidel López recalls the feverish enthusiasm that the new constitutional regime in France produced among the university students in Buenos Aires, and the flow of books that arrived from France to awaken new ways of expression and new liberal and social ways of thinking.[15]

In the decade of the thirties there appeared what Esteban Echeverría later refers to as the *Encyclopedia of the Nineteenth Century*, maybe *La Revue encyclopédique,* which Pierre Leroux took over with a colleague in 1831, or more probably the short-lived *L'Encyclopédie nouvelle* of 1838. Pierre Leroux made known the writings of Saint-Simon and his doctrine of progress and perfectibility.[16] The doctrine of Saint-Simon influenced Echeverría in the formation of his *Dogma socialista* in 1837, a matter he would repudiate ten years later when his *Dogma* was attacked by the opposition, by stating that he had merely considered an economic formula of Saint-Simon generally adopted in Europe.[17]

One must conjecture (in view of the lack of dates) that Esteban Echeverría's study *Classicism and Romanticism* dates back to the formative period of the thirties, a time when Echeverría was asserting himself as the intellectual leader and poet among university students. They gathered at the bookstore of Marcos Sastre, whose intellectual pursuits and contact with students gave him the idea of conducting a literary salon. In this informal salon, recalls Vicente Fidel López, the "Preface" to *Cromwell,* the new literary dogma, ruled as a constitution in the minds of all present. It was in this salon that Juan María Gutiérrez read the first verses of Echeverría's *La cautiva.*[18]

The "Preface" to *Cromwell* keeps being mentioned without that of *Hernani* perhaps because Echeverría made no distinction between them. His exposition *Classicism and Romanticism* is a digest of European concepts. He associates classicism with Greek civilization and culture and romanticism with the Christian era. He then states that Madame de Staël brought romanticism from Germany and Victor Hugo announced its triumph over classicism in France. Next he extolls the overriding spirit of emancipation among nations, not only in politics and philosophical thought, but in the free exercise of their moral faculties and thereby in the original inspiration of their artists. Drawing a parallel, he significantly adds: "We have a right to expect the same goals and we are in a better position to do so. Our culture is just beginning. . . . However, we should pause to consider before starting by what literary doctrines we should abide, and profess those that are most suited to our state and are equal to the enlightened spirit of the century; they will lead us to produce a rich and original literature, for, as Victor Hugo states, romanticism is but liberalism in literature."[19] Echeverría concludes that free, original inspiration must come from a free, liberal social structure, just as Victor Hugo stated the matter in his "Preface" to *Hernani:* "La liberté littéraire est fille de la liberté politique. Ce principe est celui du siècle, et prévaudra"[20] ["Literary freedom is the offspring of political freedom. This is the principle of our age, and it will prevail"]. Having deliberated on this concept, drawn from the "Preface" to *Hernani,* Echeverría goes back to the "Preface" to *Cromwell* and continues analyzing Victor Hugo's critique of the classical French theater. Echeverría praises the grandeur of Calderón de la Barca, Lope de Vega, Shakespeare, Goethe, and Schiller, and in considering Corneille and Racine, he laments (by quoting Hugo) how much more they might have done without the restraints of the style imposed on them. Echeverría then concludes his study with another long and sublimated definition of romanticism. The unskilled continuity of the essay suggests an early study, but the essay has in it the germinating thought of a new national literature and a a new liberal and social program for the nation. The coupling of Victor Hugo's liberal theories with an incipient program of Argentine regeneration in the mind of the clear-sighted idealist is the greatest mark of Victor Hugo's qualitative influence on Esteban Echeverría's ideology.

Other philosophical and political European influences can be traced to the sources of names mentioned by Echeverría and by the same token denied in terms of the ultimate intellectual emancipation that he advocated: "What good would the solutions of European philosophy and politics be to the ends we seek? Do we live in that world? Would Guizot be a good minister in Buenos Aires, or could Leroux, with all his metaphysical faculties, explain our social phenomena? . . . Would it not be absurd to duplicate every European Utopian thinker among us?"[21]

Esteban Echeverría's program of social regeneration was based on three reciprocal symbols: May (1810, Independence), Progress, and Democracy. They summarize the creed of the Asociación de Mayo of 1837, with its fifteen "Palabras simbólicas" ["Symbolic Words"]. According to Echeverría, the *Dogma socialista* was published in Montevideo in the newspapers *El Iniciador* and *El Nacional* in 1838.[22] In 1846, when it was published in book form, Echeverría wrote an extensive preface to the manual, "Una ojeada retrospectiva sobre el movimiento intelectual en el Plata desde el año 1837," i.e., "A Retrospective View of the Intellectual Movement in the Region of El Plata from the Year 1837." In this preface Esteban Echeverría summoned up his social ideology in these terms: "Politics, philosophy, religion, art, science, industry; all intellectual and material work should lead to the establishment of the government of Democracy."[23] This social program bears the mark of an assimilated European romantic ideology in which Victor Hugo played his part in extolling liberalism in the arts and in politics.

NOTES

1. Sainte-Beauve said of Victor Hugo in 1827: "Je fus conquis dès ce jour à la branche de l'école romantique dont il était le chef" ["I was drawn from then on to the branch of the romantic school of which he was the head"]. Edmund Wahl, ed., *Préface du Cromwell*, by Victor Hugo (Oxford: The Clarendon Press, 1925), p. xviii.

2. Victor Hugo, "Préface de l' Auteur," *Hermani*, ed. John E. Matzke and D.S. Blondheim (Boston: D.C. Heath and Co., 1927), p. 2.

3. "Cuando la inteligencia americana se haya puesto al nivel de la inteligencia europea, brillará el sol de su completa emancipación" ["The day our American intellect can be favorably equated with that of Europe, the light of full emancipation will shine over our land"]. Esteban Echeverría, "Dogma socialista," *Obras completas,* ed. Juan María Gutiérrez (Buenos Aires: C. Casavalle, 1871–74), IV, 129. Henceforth Spanish quotations will be directly translated and incorporated into the main text.

4. Hugo, "Préface de l'Auteur," *Hernani*, pp. 1–2.

5. Gutiérrez, ed., op. cit. V, 75.

6. Echeverría, op. cit., p. 148.

7. Gutiérrez, ed., op. cit., V, xix.

8. Echeverría, op. cit., IV, 102.

9. Ibid., V, 448–50.

10. Gutiérrez, ed., op. cit., V, xcvi–xcvii.

11. Echeverría, op. cit., II, 547.

12. Nydia Lamarque, *Echeverría, el poeta* (Buenos Aires: Cervantes, Talleres Gráficos, S.R.L. 1951), pp. 37–39.

13. Gutiérrez, ed., op. cit., V, xvi.

14. Juan Bautista Alberdi, ibid., p. lxxxix.

15. Vicente Fidel López, *Evocaciones históricas* (Buenos Aires: El Ateneo, 1929), pp. 39–40.

16. Echeverría, op. cit., IV, 444–45.

17. Ibid., p. 253.

18. López, op. cit., pp. 54–55.

19. Echeverría, op. cit., V, 100.
20. Hugo, op. cit., p. 2.
21. Echeverría, op. cit., IV, 73.
22. Ibid., p. 44.
23. Ibid., p. 72.

III

La novela en Cuba en el siglo XIX

Appeared first in *Revista Interamericana de Bibliografía / Inter-American Review of Bibliography*, Vol. XI, No. 2 (April-June 1961), pp. 125–36.

La novela en Cuba en el siglo XIX

La novela en Cuba se forma en la época del romanticismo al estímulo de las tertulias literarias que se celebraban en La Habana en casa del ilustre y joven literato Domingo Delmonte (1804–1853), a partir de 1835. Delmonte, según el decir del más joven de los contertulios, "era el patriarca de toda la pandilla literaria de buen gusto."[1] Su casa, cuenta otro discípulo, "estaba siempre llena de jóvenes literatos, atraídos por la elegancia de sus maneras, la suavidad de sus amonestaciones, el acierto de sus críticas, la modestia de su carácter, la paciencia con que todo lo escuchaba, la prolijidad con que corregía cualquier producción, las palabras alentadoras con que inducía a seguir trabajando, y la firmeza y el decoro con que sostenía sus opiniones. Aquella hermosa biblioteca suya, que encerraba en las más elegantes ediciones la flor de la literatura antigua y moderna, hallábase siempre a disposición de sus amigos."[2] En esa especie de academia, "cada cual leía la obra que había escrito, leíase a presencia de unos cuantos amigos, discutíase libremente sobre sus bellezas y defectos, introducíanse en ella las correcciones convenidas, llevábase a la prensa, y se tornaba después a examinarla muchas veces en la repetición de aquellas gratas conferencias."[3]

Asistían además a las tertulias de Domingo Delmonte intelectuales ya bastante señalados en otras ramas, como el célebre naturalista Felipe Poey (1799–1891). Los jóvenes de la nueva generación ampliaban sus conocimientos en las reuniones que se celebraban en casa del gran filósofo y educador José de la Luz y Caballero (1800–1862), quien en viaje de estudio (1828–1831) había tenido ocasión de conocer a Longfellow, Ticknor, Walter Scott, Humboldt y otros ilustres personajes. Organizador de los estudios filosóficos en Cuba había sido, primero, el erudito padre Félix Varela y Morales (1788–1853). Su discípulo, el insigne educador y publicista José Antonio Saco (1797–1879), lo sustituyó en la cátedra, y éste, al verse obligado a ausentarse de la isla por sus ideas políticas (1824), dejó en su lugar a Luz y Caballero.

Los veladas literarias delmontinas suplían la falta de una Academia Literaria, por la cual había tan calurosamente abogado José Antonio Saco, secundado por Luz y Caballero, el mismo Delmonte, Poey y otros. Pero el gobierno no deseaba ver una academia que fuera independiente de la establecida Sociedad Patriótica, y al insistir Saco, se tomó el hecho como pretexto para desterrar al activo polemista por orden del general Tacón.

Domingo Delmonte no llegó a distinguirse como escritor o poeta, pero como dijo de él José Antonio Saco, contribuyó poderosamente a difundir el buen gusto literario en el país. Delmonte había nacido en Venezuela de padres dominicanos. A los seis años su familia fijó residencia en Cuba. Delmonte recibió su licenciatura en leyes. De estudiante, fue compañero de José María Heredia (1803–1839), el primer cantor lírico-romántico de Hispanoamérica, quien, como tributo de su estrecha amistad, le dedicaría desde Toluca un tomo de versos. Delmonte participó en la fracasada conspiración de los Rayos y Soles de Bolívar (1823) que le costó a Heredia el destierro. En 1828 realizó un viaje a los Estados Unidos y España, volviendo por París al año siguiente. En Filadelfia publicó una edición de las poesías de Juan Nicasio Gallego (1829). De vuelta en La Habana, fue redactor principal del semanario ilustrado *La Moda*, en el cual dio a conocer a Byron y a Goethe, a Gallego y a Jovellanos. Allí también publicó sus *Romances Cubanos*, que tienen el mérito de la novedad del tema.[4] Delmonte tuvo muchos imitadores en este género de poesía criollista en Cuba, Puerto Rico y Santo Domingo.[5] El ilustre literato dejó inéditos un *Diccionario de Voces Cubanas*, una *Bibliografía Cubana* y un *Teatro de la Isla Fernandina*. Colaboró en numerosos periódicos. Fue presidente de las secciones de educación y literatura de la Sociedad Económica de Amigos del País. De su extensa correspondencia con literatos en el extranjero y con sus propios discípulos, la Academia de Historia de Cuba ha publicado un *Centón Epistolario* (1823–1853) en seis volúmenes. Acusado de participar en planes revolucionarios, abandonó la isla, estableciéndose definitivamente en Madrid.

El legado más valioso de Delmonte a la cultura nacional fue la dirección que prestó a la juventud literaria del país. En cuanto a la novela, las ideas y tendencias que iban a formar el género y a constituir su individualidad nacional se formaron en las veladas literarias delmontinas, en donde se podían discutir libremente temas sociales y cívicos a la par de los literarios. Los primeros que ensayaron la novela entre los contertulios delmontinos fueron Ramón de Palma (1812–1860) y Cirilo Villaverde (1812–1894).

Ramón de Palma fue poeta y prosista. En 1837 insertó en *El Aguinaldo Habanero* un pequeño relato indianista, *Matanzas y Yumurí*, explicando el origen legendario de esos nombres geográficos cubanos. Es la única novelita indianista que recordamos como graciosa imitación del maestro Chateaubriand. Al año siguiente Palma publicó en *El Album* dos novelitas, *Una Pascua en San Marcos* y *El Cólera en La Habana*, de tendencia moralizadora la primera y de valor dramático la segunda. Estas novelitas son las más notables entre sus narraciones.

El interés cívico de los jóvenes escritores de aquella época fue muy pronunciado. Para ellos, el único tema de inspiración era Cuba, y al presentar la sociedad que los rodeaba, aprovechaban la oportunidad para hacer crítica social. Crearon así un nacionalismo cívico y cultural, que en el orden político no era posible. El costumbrismo que venía de España, y muy en particular el de Larra, se prestaba perfectamente a la exaltación de lo criollo y a las preocupaciones cívicas. Ligados al grupo delmontino, se hallaban los primeros costumbristas cubanos. El costumbrismo entró en la novela y constituyó una de sus características permanentes.

Cirilo Villaverde es el maestro de la novela costumbrista. Es el novelista del siglo XIX. Se ensaya primero con cuatro narraciones breves que aparecen en la revista *Miscelánea de Util y Agradable Recreo*. Luego escribe con mayor éxito una novelita para *El Album*, donde aparece también *Una Excursión a Vuelta Abajo* (1838). En esta obra se revelan ya con acierto las cualidades descriptivas y costumbristas del autor. Sigue una extensa novelita, *Teresa*, en 1839. Para esa fecha se publica el primer tomo de *Cecilia Valdés* y el triunfo de Villaverde es decisivo. Su obra maestra, sin embargo, había de esperar cuarenta años antes de ser revisada y concluida. Al mismo tiempo en que se apreciaban los primeros ensayos de Villaverde, aparecieron otras obras que merecen mencionarse. En 1838 salió en *El Aguinaldo* una novelita titulada *Antonelli*, de otro contertulio delmontino, José Antonio Echeverría (1815–1855), patriota, poeta, y autor de *Historiadores de Cuba*. Su novelita *Antonelli* ocurre en el siglo XVI y tiene toda la gracia de una novela romántica en miniatura, con embozados, espadas que se cruzan y serenatas al pie del balcón en noche de luna. Su historia sentimental está relacionada con la construcción del castillo del Morro en La Habana.

Aunque Sir Walter Scott fue tan admirado en Cuba como en otros países, la novela histórica no fue muy cultivada durante el siglo XIX. Más adelante la poetisa Gertrudis Gómez de Avellaneda, dentro de una influencia europea más compleja, escribe novelas de fondo histórico pero de inspiración extranjera.

Para la época a que se viene haciendo referencia, lo que interesaba y preocupaba a la juventud que asistía al círculo delmontino era el problema de la esclavitud. La trata de esclavos había sido prohibida en 1815, y luego en 1817, por un tratado entre Inglaterra y España, pero seguía practicándose clandestinamente. La economía del país dependía del trabajo del negro en los ingenios y plantaciones. El tema del esclavo no se podía tratar abiertamente. José Antonio Saco suscitó la censura de las autoridades al abogar por la supresión del tráfico en la *Revista Bimestre* (1832).[6] Con el grito de Yara en 1868, los cubanos decretaron la abolición de la esclavitud y otorgaron a los guerrilleros negros iguales derechos que a los demás revolucionarios. Declarada la paz de la infructuosa guerra en 1878, el gobierno español se vio obligado a reconocer la liberatad concedida a los veteranos negros. Los demás esclavos de la isla hubieron de esperar hasta 1880 para su emancipación legal. José Antonio Saco escribió una obra monumental sobre la *Historia de la Esclavitud*. Publicó los cuatro primeros tomos en Barcelona y

París entre 1875 y 1879. El quinto y sexto (inconcluso) se editaron póstumamente en La Habana años después.

Los jóvenes literatos del círculo delmontino decidieron iniciar a su manera los primeros pasos en favor de un infeliz esclavo. Dirigidos por Domingo Delmonte, compraron la libertad del poeta esclavo Francisco Manzano por quinientos pesos, suma máxima que podía pedirse entonces por un esclavo. Se propusieron abogar en pro de los esclavos, describiendo su estado de vida y los tratos inhumanos que recibían. Surgió una literatura abolicionista que circulaba en manuscrito. Las primeras obras de este género fueron la novelita de Félix Manuel Tanco y Bosmeniel (1797–1871), *Petrona y Rosalía* (1838) y la novela corta de Anselmo Suárez y Romero (1818–1878), *Francisco* (1839).

Tanco era colombiano de nacimiento. Vivía en Matanzas y asistió allí a las primeras tertulias de Delmonte. Cuando éste se trasladó a La Habana (1835), se estableció entre ellos una correspondencia en la cual se advierte la vehemencia de Tanco al hablar de la esclavitud y del coloniaje. La historia que narra en su novelita es forzada y cruda, pero produce el efecto deseado. El esclavo llegó a formar parte de toda obra que reflejara la sociedad cubana. Ya Tanco insistía en su prólogo:

> No será perfecta o completa cualquier descripción o pintura de costumbres cubanas, si no se comprenden los esclavos que tienen parte tan principal en ellas. Dividida nuestra población en blancos y negros, sería pintar a medias, o dibujar un perfil de nuestra sociedad, y no su fisionomía entera como debe de ser.[7]

La novelita circuló en manuscrito. De ella dijo uno de los jóvenes novelistas en La Habana: "Yo creo que su obra debe correr lo posible, porque viéndonos retratados, comenzaremos por odiar el retrato y acabaremos por mejorarnos a nosotros mismos."[8]

La novela *Francisco*, de Anselmo Suárez y Romero, fue también escrita a instancias de Delmonte. Según relata el autor en el prólogo, Richard Madden, comisionado inglés en La Habana para el Tribunal Mixto de Arbitración en asuntos de la trata, había pedido al humanista Domingo Delmonte algunas composiciones de escritores cubanos con objeto de conocer la opinión de la juventud

intelectual sobre la trata y la esclavitud. Como Suárez había tenido
que ausentarse de La Habana por asuntos de familia, remitía desde
el campo los borradores a su antiguo compañero de estudios, José
Zacarías González del Valle, quien los corregía y copiaba para
luego entregárselos a la crítica del maestro y al aprecio de los
contertulios. Si demoraba la remesa de un capítulo, crecía la
impaciencia de todos. Así se compuso la primera novela criolla
esclavista, de la inspiración de un joven de veinte años y de las
atinadas observaciones de un compañero de dieciocho.

José Zacarías González del Valle (1820–1851), abogado y profesor, era el más joven de los asistentes de las tertulias de
Delmonte. Escribió versos y algunas novelitas sentimentales breves
que aparecieron en las revistas de la época. En 1838, cuando
Anselmo Suárez y Romero componía su novela *Francisco,* su joven
compañero le escribía:

> Estoy acabando de leer un tomo en cuarto titulado *Estudios de la vida
> privada,* escrito en francés por Balzac. . . . Delmonte, a cuyo favor y
> amistad debo su lectura, quiere que tú también participes de ella. . . .
> Su mérito está en lo bien que corresponde el desempeño al título de
> *Estudio de las costumbres del siglo XIX* y de *Escenas de la vida privada* que
> le pone al libro. Allí se deja este hombre eminente de aquel estilo
> amanerado y falso de Víctor Hugo, para hablar del modo más claro y
> comprensible. No prepara los sucesos artificiosamente, sino que cum-
> pliendo con su propósito, coloca a sus personajes en lo interior de su
> casa, describe estas casas con doble mérito acaso que Walter Scott. . .
> y en fin, los muestra obrando y sufriendo allí de la manera más *social,*
> si puedo expresarme así, porque él jamás los aisla del mundo. Sus
> combates son de la tierra, las pasiones influyen en el hogar doméstico,
> y no hay lance de sus novelas que no huela a gente de esta raza humana
> a que pertenecemos. . . Balzac es un modelo para todo novelista que
> quiera desempeñar bien su encargo; nadie como él ha sabido internarse
> en los más retraídos apartamentos de una casa para contar punto por
> punto lo que pasa realmente en el mundo; ni nadie tampoco ha
> penetrado tanto al hombre y mucho más a la mujer.[9]

En otra ocasión añade:

> No pierdas la oportunidad de descubrir los pensamientos tristes y
> conmovedores de Francisco, el estado de su alma, su verdadera índole.
> Balzac es el novelista que sabe tal vez interesar a los lectores con cualquier

cosa, nada más que por la oportunidad *psicológica* con que se entra por la inteligencia y el corazón de sus personajes. . . .[10]

El manuscrito revisado de *Francisco* fue entregado al señor Madden junto con algunas composiciones del poeta Manzano y de otros del grupo delmontino. Años después, cuando Suárez y Romero preparaba la edición de su novela, no había podido recuperar su antiguo manuscrito revisado y usó el propio. En el prólogo a la edición de 1880, hecha en Nueva York, atribuye a las correcciones de su amigo los elogios que mereció de Cirilo Villaverde la obra original. Al principio intentó corregir los borradores suyos pero pronto reconoció que la novela, escrita hacía tantos años "con el candor y el desaliño de un joven sin conocimientos de ninguna especie", una vez limada perdía su primitivismo ingenuo, resultaba obra nueva y no la misma que había brotado "como un involuntario sollozo de mi alma al volver la vista hacia las escenas de la esclavitud".[11] Anselmo Suárez y Romero se distinguió más tarde como estilista con sus excelentes cuadros de costumbres y sus hermosas descripciones románticas de la naturaleza tropical. Su novela *Francisco*, como indica él mismo en el prólogo, se anticipa varios años a *La Cabaña del Tío Tom* de Harriet Beecher Stowe, escrita en 1852.

Francisco inició una serie de novelas antiesclavistas: *Sab*, de Gertrudis Gómez de Avellaneda, editada en Madrid en 1841 (aunque la autora advierte que la tenía escrita hacía tres años); *El Negro Francisco*, del patriota Antonio Zambrano, uno de los del grupo delmontino, publicada en Santiago de Chile entre los años 1870 y 1875; *Uno de Tantos*, de Francisco Calcagno, conocido hoy sólo por su *Diccionario Biográfico Cubano;* y otras novelas más apenas recordadas hoy día.

Hacia la época en que surgieron los primeros ensayos de la novela en Cuba, se tradujo del francés una novela corta, *Historia de Sor Inés*, escrita en París por una dama de la sociedad habanera, María de las Mercedes Santa Cruz y Montalvo, condesa de Merlin (1789–1852). La novela formaba parte de la obra *Mis Doce Primeros Años*, publicada un año antes en París (1831). La *Historia de Sor Inés*, aunque primicia literaria, es producto de un carácter formado. Aun en la traducción se advierte un estilo decidido y vigoroso, a pesar de ser una confesión sentimental y no obstante el ambiente romántico en que fue escrita. Por un amor contrariado, toma el velo, bajo el nombre de Sor Inés, una joven de la sociedad habanera. En sus confesiones anota la vuelta del joven oficial. La escabrosa historia termina en una escena de naufragio en que mueren los dos amantes frente a las costas de la Florida.

Cronológicamente, la *Historia de Sor Inés* constituye la primera novela cubana, aunque escrita en francés y fuera del país. Artísticamente, sigue la tradición de confesiones y novelas epistolares iniciada en el orden romántico por Rousseau. A primera vista, sugiere la influencia de Manzoni, de quien pudo haber seguido la autora uno de los episodios secundarios en *Los Novios*. El final recuerda el desenlace trágico de la novela de Bernardin de Saint-Pierre, *Pablo y Virginia*. El convento de Santa Clara en La Habana es evocación de la autora. Allí estuvo de pensionista durante su primer año escolar. Agustín Palma tradujo al español *Mis Doce Primeros Años* en 1838, y en esa edición, hecha en Filadelfia, anuncia que la traducción de la *Historia de Sor Inés* sería reproducida en el tomo siguiente. Se hicieron varias ediciones en La Habana de estas obras y otras memorias y biografías que escribió la condesa de Merlín.

En la historia de la novela de este período romántico, se distingue la figura de la gran poetisa Gertrudis Gómez de Avellaneda (1814–1873). Aunque en su vida literaria se integró a España, sobre su tierra natal dijo en una ocasión: "Amo con toda mi alma la hermosa Patria que me dio el cielo. . . . Siempre he tenido y tendré a grande honra y a gran favor el que se me coloque entre los muchos buenos escritores que enriquecen nuestra literatura naciente."[12]

Entre las novelas que escribió la Avellaneda, *Sab* fue la única de inspiración cubana. La autora la dedicó a Alberto Lista, quien la calificó de "ensayo feliz". La novela circuló apenas, hecho que explica la noticia insertada en *El Museo* de La Habana al reproducirla en sus columnas en 1883:

Se publicó en Madrid, en 1841; pero la corta edición que se hizo fue, en su mayor parte, secuestrada y retirada de la circulación por los mismos parientes de la autora, a causa de las ideas abolicionistas que encierra. —Por la misma causa fue excluida de la edición completa de las obras de la Avellaneda, ya que de seguro se le habría negado la entrada en esta Isla si hubiera figurado *Sab* en ella.[13]

Sab es una obra estilizada dentro de la escuela romántica europea sin la naturalidad y el sabor criollo que le prestaba el costumbrismo a la novela contemporánea cubana. Tiene el mérito de una prosa lírica y armoniosa. No obstante, sus descripciones nativas se resienten de la arbitrariedad de una pintura romántica estereotípica. *Sab* es el prototipo del héroe romántico intelectual. El tema de la esclavitud da lugar a largos y vehementes raciocinios filosóficos sobre el derecho de la libertad del hombre expresados por parte de Sab. Es evidente que la novela fue conocida en seguida en Cuba por la crítica que le consagra Cirilo Villaverde en *El Faro Industrial* en 1842.[14] Como se ha dicho, las demás novelas de la gran poetisa cubana no son de tema nacional. Se recuerdan aún *Espatolino, El Artista Barquero, Dos Mujeres, Guatimozín*, varias novelitas históricas y algunas leyendas de inspiración europea.

La novela cubana, propiamente dicho, tal como la fueron escribiendo en el país, quedó definitivamente encauzada dentro de la corriente costumbrista. Para algunos autores, el costumbrismo era manera de expresar lo criollo; para otros era además la ocasión de aducir una lección moral. Dentro de esta corriente docente, el notable publicista y orador camagüeyano, José Ramón de Betancourt (1823–1890) escribió una novela muy popular, *Una Feria de la Caridad en 183. . .*, publicada en Camagüey en 1841. Quince años más tarde, según el autor, la corrigió y la amplió ligeramente. La edición de La Habana es de 1858.

Betancourt se propuso evocar, según sus palabras, una época crítica de organización y progreso en Camagüey, de 1835 a 1840:

> Describir, pues, esa época, pintar ese elemento bueno y civilizador, abriéndose paso entre la sencillez de nuestras costumbres, luchando con la ignorancia, con la envidia y con el vicio, bosquejar algún tipo, atacar el cáncer del juego, introduciendo la cuchilla hasta sus ramificaciones más profundas, escribir, en fin, un cuadro camagüeyano que pudiese leer sin rubor nuestra virgen más pura; he aquí mi objeto.[15]

En las páginas de la novela, Betancourt elogia a varios de sus compatriotas que contribuyeron especialmente al progreso y desarrollo de Camagüey.

Esteban Pichardo y Tapia (1799–1879), abogado, lexicógrafo y geógrafo, escribió también una novela costumbrista de crítica social, con un desenlace de desencadenado romanticismo, como lo indica su título, *El Fatalista*. Data de 1856. En su "Proemio", el autor indicó su deseo de "pintar nuestro mundo como es; anatomizar el cuerpo social cubano en todos sus miembros de uno y otro departamento buscando fácilmente el correctivo posible en los defectos."[16] Hoy día se recuerda a Esteban Pichardo y Tapia por sus extensos y valiosos estudios geográficos sobre la isla de Cuba y como autor del *Diccionario Provincial de Voces Cubanas*, cuya primera edición se hizo en 1836.

Del mismo tipo costumbrista pero francamente jovial en su estilo es la novela del jurisconsulto Ramón Piña (1819–1861) titulada *Gerónimo el Honrado* y publicada en Madrid en 1859. La crítica social está sutilmente introducida. Relacionada a las escenas costumbristas, no pasa de ser un mero asombro por parte de Gerónimo al ir de visita y ver la obsesión degradante del juego, al ir a la ópera y al teatro y ver al público entusiasmado con obras tan poco morales como *Norma* y el *Macías*. Igual jovialidad se advierte en la otra novela de Piña, *Historia de un Bribón Dichoso*, y en las tres piezas que escribió para el teatro.

La historia del costumbrismo en Cuba forma una unidad con la historia de la novela cubana. Novelistas y costumbristas alternaban en los géneros sin que se destacara nadie en la novela hasta publicarse en su versión acabada la obra maestra de Cirilo Villaverde, *Cecilia Valdés o La Loma del Angel*.

Villaverde ejerció el profesorado primero en Matanzas y luego en La Habana. En la capital tomó parte en la redacción de *El Faro Industrial*, al que consagró todos sus trabajos literarios y novelescos que siguieron casi sin interrupción hasta mediados de 1848. De esa época datan *La Joven de la Flecha de Oro* (1841), una tragedia de celos infundados; *El Guajiro* (1842), novela costumbrista del campo con desenlace pasional trágico; *Dos Amores*, una sencilla y bienaventurada historia sentimental en la capital; *El Penitente* (1844), novela histórica que se resume en un drama pasional promovido por la venganza de una mestiza india; *Excursión a Vuelta Abajo* (1842–1843); y una serie de cuentos y novelitas.

Por actividades patrióticas, Villaverde fue hecho prisionero a fines de 1848. Seis meses después logró escapar con otros a los Estados Unidos. Tras nueve años de ausencia, volvió a La Habana, acogiéndose a una amnistía política. Emprendió la tarea de refundir su novela *Cecilia Valdés*, trazando un nuevo plan, pero pronto sintió la necesidad de abandonar la isla de nuevo por razones políticas. Las vicisitudes que siguieron a su expatriación voluntaria, la necesidad de proveer para su familia en el extrajero y sus actividades patrióticas no le permitieron seguir su proyectada obra hasta poco antes de 1879.

Como señala Villaverde en el prólogo de su obra, de ninguna manera puede considerarse los cuarenta años que distan entre el comienzo y el final de la novela como un período de elaboración, pero es lógico que este lapso fuera muy significativo en su versión final. *Cecilia Valdés* fue una obra escrita con conciencia de propósito, en la plenitud vital y artística del autor. Lejos de adolecer de los defectos que temiera Villaverde por la entrecortada historia de su elaboración, la novela es un conjunto armonioso de sus elementos.

Cecilia Valdés es la historia de la niña vivaracha y linda del barrio del Angel, que pronto llega a ser llamada, por su natural belleza, La Virgencita de Cobre. Su abuela materna había sido esclava. Cecilia llama la atención de Leonardo Gamboa, un joven estudiante de la sociedad habanera. Se enamoran sin saber ni uno ni otro que tienen el mismo padre. Si la identidad de los amantes se revela paso a paso en la historia, la verdad corre siempre esquiva para ellos. Lo que hubiera sido un episodio en la vida del estudiante resulta una tragedia cuando, por celos de Cecilia y por sus mal interpretados deseos, un admirador suyo del barrio, para vengar su honra, asesina al joven habanero el día de su boda.

Cecilia Valdés es la obra que cierra el período romántico de la novela cubana. Tipifica por excelencia la novela costumbrista del romanticismo. Nada más romántico que el dramatismo misterioso de su primera escena. Nada más melodramático que la tragedia de su escena final. La representación del cuadro social cubano en todos sus detalles pintorescos es obra del más consumado costumbrista. Sin embargo, en la esmerada acumulación de detalles, en descripciones exentas de efectismo, se percibe la inclinación hacia el realismo, que por la misma fecha de la obra (1882) resulta bastante natural. Ejemplo de prosa costumbrista por la selección pintoresca del sujeto es la descripción del negro "curro del Manglar" con el diálogo típico correspondiente: "Me ñaman Malanga. Asina me llaman en el Manglal." Ejemplo de prosa realista es la descripción de tres páginas largas del Prado, el paseo central de La Habana antigua (avenida principal que aún conserva su importancia). El pasaje es demasiado extenso para poder citarse en su totalidad, y haciéndolo en parte, la banalidad de los detalles prosaicos de un trozo no daría el efecto deseado ni haría justicia a Villaverde, pues el mérito de su estilo no está en el arte de la palabra sino en el conjunto del cuadro.

Villaverde hace su propio análisis crítico de la obra en defensa de su estilo:

> Harto se me alcanza que los extraños, dígase, las personas que no conozcan de cerca las costumbres de la época de la historia de Cuba, que he querido pintar, tal vez crean que escogí los colores más oscuros y sobrecargué de sombras el cuadro por el mero placer de causar efecto a la Rembrandt, o a la Gustavo Doré. Nada más distante de mi mente. Me precio de ser, antes que otra cosa, escritor realista, tomando esta palabra en el sentido artístico que se le da modernamente.[17]

En esto Villaverde no va más allá de defender la veracidad de sus cuadros costumbristas, aunque es evidente que siente la inevitable atracción al realismo ya en boga. Considerando la escuela en que se formó Villaverde, no hay disparidad entre lo dicho y su siguiente afirmación:

> Hace más de treinta años que no leo novela ninguna, siendo W. Scott y Manzoni los únicos modelos que he podido seguir al trazar los variados cuadros de *Cecilia Valdés*. Reconozco que habría sido mejor para mi obra que yo hubiese escrito un idilio, un romance pastoral, siquiera un cuento por el estilo de *Pablo y Virginia* o de *Atala y Renato*; pero esto, aunque más entretenido y moral, no hubiera sido el retrato de ningún personaje viviente, ni la descripción de las costumbres y

pasiones de un pueblo de carne y hueso, sometido a especiales leyes políticas y civiles, imbuido en cierto orden de ideas y rodeado de influencias reales y positivas. Lejos de inventar o de fingir caracteres y escenas fantasiosas, e inverosímiles, he llevado el realismo, según lo entiendo, hasta el punto de presentar los principales personajes de la novela con todos sus pelos y señales, como vulgarmente se dice, vestidos con el traje que llevaron en vida, la mayor parte bajo su nombre y apellido verdaderos, hablando el mismo lenguaje que usaron en las escenas históricas en que figuraron, copiando en lo que cabía, d'après nature, su fisonomía física y moral, a fin de que aquéllos que los conocieron de vista o por tradición, los reconozcan sin dificultad y digan cuando menos: —el parecido es innegable.[18]

Por estas últimas palabras del prólogo, escritas en 1879, se ve la insistencia de la tendencia realista tratando de convivir con el pasado romántico que lleva el autor, hecho que se realiza armoniosamente a través del costumbrismo. Villaverde asistió a las tertulias de Domingo Delmonte durante el período formativo de la novela romántica cubana, recibió las mismas influencias literarias que los demás jóvenes y —lo que más importa— se formó en una generación de costumbristas que, debiendo su inspiración directa al costumbrismo español, imprimieron un sello criollo y permanente a la novela cubana.

Cecilia Valdés es, en efecto, una minuciosa reconstrucción social de una época, vista y sentida. Aunque es muy concebible que la obra exaltara en sus días el ideal nacionalista, el espíritu dominante de la novela es la reproducción inexorable, pero artísticamente acertada, de la vida colonial en Cuba hacia 1830. El círculo de Leonardo Gamboa y de Cecilia Valdés forman la unidad del panorama social. Allí entra el cuadro de la sociedad habanera con todas sus actividades. Surge además el cuadro doloroso de la esclavitud. De escenario, están las descripciones propiamente realistas de La Habana antigua y del campo de Vuelta Abajo, con sus ingenios y plantaciones.

El mismo año de 1882 en que Villaverde publicaba en Nueva York su *Cecilia Valdés*, Nicolás Heredia (1849–1901) era premiado en Matanzas, a la vez, por su novela realista *Un Hombre de Negocios* y su ensayo "El Naturalismo en el arte". Catedrático y orador político, Heredia se distinguió como crítico y novelista. Supera a

Un Hombre de Negocios su novela pasional *Leonela*, de intento naturalista con dejos de romanticismo melodramático. No era fácil sustraerse de la influencia de *Cecilia Valdés*. Así Ramón Meza y Suárez Inclán (1861–1911), catedrático y político, publica en 1887 *Carmela*, que muestra ciertamente reminiscencias de la obra de Villaverde en el tema, aunque se independiza de ella por su estilo realista. Bajo esta nueva tendencia literaria, Ramón Meza, el más notable representante de la novela después de Villaverde, se distinguió con varias novelas más, entre las mejores de ellas dos satíricas: *Mi Tío el Empleado* (1887), y *Aniceto el Tendero* (1889).

La novela político-histórica tiene sus raíces formativas en estas dos últimas décadas de la colonia. Su representante será Raimundo Cabrera (1852–1923), patriota, literato y político. En 1887 publica dos obras de carácter social, *Cuba y su Gente* y *Cuba y sus Jueces*. Esta última, justificación de una integridad nacionalista e intelectual, se tradujo al inglés. Su trilogía *Sombras que pasan, Ideales y Sombras Eternas* pertenece ya al siglo xx.

En el ambiente de la última época de la colonia en que se va forjando la novela cubana, las preocupaciones cívicas, la naciente conciencia nacionalista, el gusto por lo autóctono, encuentran en el género literario una posible expresión con el costumbrismo. Desde un principio pasa a la novela dándole característica propia y en el transcurso del siglo deja un sello indeleble de realismo criollo, base de la novela cubana.

NOTES

1. José Zacarías González del Valle, carta a Anselmo Suárez y Romero, ed. Francisco González del Valle, "La vida literaria en Cuba (1836–40)," *Cuadernos de Cultura*, 4a. Serie, No. 5 (1938), p. 54.

2. Anselmo Suárez y Romero, "Prólogo," *Obras* de Ramón de Palma (Habana: El Tiempo, 1861), p. vii.

3. Loc. cit.

4. José A. Fernández de Castro, "Introducción," *Escritos de Domingo Delmonte y Aponte* (Habana: Cultural, 1929), I, pp. xiv–xv.

5. Pedro Henríquez Ureña, *Las corrientes literarias en la América Hispana* (México: Fondo de Cultura Económica, 1949), p. 147.

6. Francisco González del Valle, "La vida literaria en Cuba," *Cuadernos de Cultura*, 4a. Serie, No. 5, p. 7.

7. Felix M. Tanco y Bosmeniel, "Escenas de la vida privada en Cuba

(*Petrona y Rosalía*)," *Cuba Contemporánea*, Año 13, XXXIX, No. 156 (1925), p. 255.
8. José Zacarías González del Valle, cartas, "La vida literaria en Cuba," p. 59.
9. Ibid., pp. 50–52.
10. Ibid., p. 68.
11. Anselmo Suárez y Romero, "Prólogo," *Francisco* (Nueva York: N. Ponce de León, 1880), p. 4.
12. Carta de la Avellaneda a *El Siglo*, 1868, cit. por Domingo Figarola-Caneda, *Gertrudis Gómez de Avellaneda* (Madrid: Sociedad Española de Librería, 1929), p. 243.
13. Figarola-Caneda, *G. G. de A.*, p. 77.
14. Ibid., p. 79.
15. José Ramón de Betancourt, "Dedicatoria," *Una feria de la Caridad 183...* (Habana: Soler, 1858), p. 5.
16. Esteban Pichardo y Tapia, "Proemio," *El fatalista* (Habana: Soler, 1866), p. 4.
17. Cirilo Villaverde, "Prólogo," *Cecilia Valdés* (Nueva York: El Espejo, 1882), p. ix.
18. Ibid., p. x. Es curioso notar que en su novela *El guajiro*, de 1842, Villaverde menciona al novelista norteamericano James Fenimore Cooper; según datos bibliográficos, en 1857, cuando volvía de su expatriación, se publicó en La Habana una traducción suya de *David Copperfield*; y en 1878, estando para redactar le versión final de su novela, se publicó en New York su traducción al castellano de *María Antonieta y su hijo*, de la novelista alemana Klara Mundt (Louise Muhlbach).

IV

Cuba Painted by the Cubans: The Nineteenth Century Journalistic Essay

Appeared first in *Revista Interamericana de Bibliografía / Inter-American Review of Bibliography*, Vol. XXX, No. 4 (December 1980), pp.375–86 (30th Anniversary).

Cuba Painted by the Cubans: The Nineteenth Century Journalistic Essay

One of the most curious and delightful forms of literary art in colonial days in Cuba was the nineteenth century journalistic essay of customs and manners. It was written for the people at large, in a festive tone of self-expression and pride, although at times it carried some overtones of gentle remonstrance as a way of social criticism. The article was published in local newspapers, literary journals or periodicals, in Havana and in the provinces. It appealed mostly to middle-class society, but, as a matter of public interest, it concerned society as a whole. Thus, art and society, a novel literary expression and the depiction of life in the island, went hand in hand. The Cuban way of life derived from Spain was marked by stark differences when the curious reporter portrayed scenes of mixed ethnic cultures or the dual life in the sugar plantations. Here, the exuberant tropical landscape acquired a tone of melancholia. This second aspect of life found a more poignant and thorough treatment in the abolitionist narrative that circulated clandestinely at the time. On the whole, the journalistic essay remained a purely popular social art, with an image open to self-appraisal. The overt themes of these articles of customs and manners assured freedom from censorship, although, in a sense, their publication was creating the foundation of a national conscious society steeped in social concern and a love for its beautiful land. This was Cuba painted by the Cubans.

The popularity of these editorial essays in Cuba was incredible; it lasted for five or six decades, from the 1830's on. It should be noted here that this form of art, stemming from Spanish influence, became very popular throughout all of Spanish America, even to the end of the century. It was a low-key form of art, designed to appeal to popular taste and public interest, yet the genre was cultivated by the most eminent men of letters, many of whom felt a marked social interest and even civic pride in this art. In Spanish America, the national freedom gained by the colonies long before that of the Caribbean area did not change the tenor of these articles. They still retained their homogeneous folk quality in a regional and national sense. Their significance can be appraised from the artistic and sociological point of view. They influenced the style and structure of the nineteenth century Spanish American novel, they enhanced the journalistic essay, and, in every way, they preserved for us an animated picture of nineteenth century life that we would otherwise have totally missed.

In Cuba, the writers of the journalistic essay of customs and manners expressed a strong civic concern about educating the *pueblo*, society at large. This is the definitive characteristic that suggests 1838 as the starting point for Cuban *costumbrismo* or genre writing, thus setting aside the previous descriptive essays, discreetly noted by scholars in the past, on the social life and topography of the island of Cuba.[1] A number of writers started to publish articles of customs and manners from 1838 on in the set style of *costumbrismo*.[2] This style was patterned after the journalistic articles of the Spanish writer Mariano José de Larra (1809–1837). Larra was a romanticist writing in Madrid, with a despairing awareness of a reactionary monarchy, a lethargic bureaucracy and a provincial citizenry. His sincerity and mild humor tempered the satire of his social criticism, at times quite bitter. He was a writer readily admired for his character-situation sketches. His didactic intent was apparent throughout. He was the most quoted and imitated of the Spanish *costumbristas*. Since these articles of customs and manners were so closely associated with the depiction of social types and characters, at least two Cuban essayists of a later period also mention as models the characters of the seventeenth century French writer La Bruyère and those of the French nineteenth century novelist Balzac. The

English satirists Addison and Steele are too far removed to be of direct influence, but they represent a turning point in the evolution of the journalistic satirical essay. The Spanish *artículo de costumbres,* as the journalistic essay of customs and manners became known, was a brief exposition, usually in prose, depicting aspects of everyday life, often with a situation dialogue by the characters portrayed; this kept the tenor of the article at a popular level and led the author to point out his observations on the subject amidst mild humor and a degree of social concern. This was the style imitated in Spanish America. Some Cuban essayists, however, were very formal in their writings. Such was the case of Anselmo Suárez y Romero, due to his concern for both the white and black population of the island. In the singular case of José Jacinto Milanés, another early *costumbrista,* his sketches were written in the popular octasyllabic Spanish verse, as dramatic skits, with a moralizing ending.

The regular prose articles acquired a typical format. The author invariably feigned to be self-conscious and apologetic about his task, or made a farce of an initial historical research on the subject, but about his purpose, he was always direct and sincere: to paint the customs and manners of either urban or rural society for the purpose of suggesting improvement or reform. The subjects of these articles, written by a dozen well-known *costumbristas* and by twice that number of those who continued writing until almost the end of the century, fall into two distinct groups of interest for the modern reader. Most essays depict the standard types one might expect in every society in general: the coquette (young and old), the marriage maker (mother or neighbor), the meddling husband, the indulgent parent, the spoiled child; the administrator, the bureaucrat, the money lender, the commissioner, the solicitor; the unskilled doctor, the midwife; the teacher, the young poet, the aspiring novelist, the despairing editor. All these types could be construed as existing in any society in any epoch. Since these articles do not present any special novelty other than their pictur-esque dialogues, it may be well to set them aside and dwell instead on those essays that constitute very distinct aspects of Cuban life within the development of its history, its economy, and its cultural background. The articles considered, then, will refer to life from the early part of the nineteenth century to the first prolonged struggle for Cuban independence, the Great War of 1868. They constitute the best part of Cuban *costumbrismo* and they, too, preserve the lively, informal conversations of the times.

José Victoriano Betancourt is counted among the first editorial writers. He was born in Pinar del Río, went to Havana to study law and practiced his profession in the neighboring province of Matanzas. Upon his return to Havana, his house became a center of culture. Involved in the war of 1868, he left with his family for Mexico and died in exile. The early *costumbristas* represent the same type of professional man, with a penchant for belles-lettres, and a deep involvement in the political future of the island. Proof of the diffusion of the articles of customs and manners would be the enumeration of the twenty journals and reviews in which Betancourt published his articles (and poetry as well).[3] On the whole, he has three essays curious enough to be cited. One is called *Velar un mondongo* (The vigil of the tripe). For the use of such a title, the author duly apologizes by pointing out the expedient culinary and festive purpose of the gathering. This custom was relegated by then to the country, where everyone was willing to assist in the slaughter of the livestock, the cleaning of the tripe (boys and girls alike), and then they would dance the *zapateo* the whole night through, while the food cooked in the slow fire of those days. A walk in the fresh morning air came next in preparation for an early picnic of a dish of tripe stew, roast pig, and fried bananas. The urban counterpart was an essay on the feast of Saint Raphael at the *loma de San Angel* in old Havana. The author remembers the occasion as a boy for the cornmeal tortes the fair made famous: *las tortillas de San Rafael*. The entire city made its way up the hill on foot, the rich in their gigs, to pray at vespers and later watch the fireworks.

The most curious essay by José Victoriano Betancourt is the one called *Los curros del manglar*, with the equivalent subtitle of "The Three Day-Wake." *Curro*, which as an adjective means *showy*, as a noun is applied here to the native Africans and those of mixed race, living in a *manglar*, a wild area of mangrove trees, along coastal land outside the city walls. The author notes that Cuba offers a mixture of races and types that invite description, and he proceeds to do just that. The *curros* had a peculiar look that easily classified them. They had long woolly hair braided in strands that fell over their faces and necks. Their teeth were cut like those of the *Carabalí.* They wore fine embroidered cotton shirts. Their trousers were either white or striped, narrow at the waist and very wide at the bottom. Their low-cut shoes were made of burlap, with silver buckles. They wore cotton tailcoats and large straw hats with long black silk tassels. They showed off large gold earrings adorned with small pendants in the shape of hearts and locks of the same metal. They had a way of waddling as they walked, swinging their arms back and forth. They spoke with a certain inflection and their peculiar rhetoric made their talk difficult to understand. They were famous in the neighborhood of Jesús María for their wild antics and their special customs. One of the customs was the three-day wake for a dead child. The fact that Betancourt pauses to narrate a special evening during this event means that it was also interesting to the Cubans of his time, since only the brave dared to venture at night beyond the city gates. The wake comprised about twenty men and women, blacks and mulattoes. At nine o'clock, the triple wake began. This was the third night of feasting and eating. The body was removed from the well where it had been returned on the previous days for preservation purposes. Everyone sang in a chorus as they placed the body in a coffin lined with blue silk and covered it with flowers. All the windows were then opened, which on the third day was necessary, in any case, but they did so to show that, in view of the event, it was socially admissible to dance and drink throughout the night. The author does not clarify the status of the blacks during this period of slavery. However, if they were maroons, they enjoyed citizenship rights imposed by their awesome reputation.

It may surprise us all to learn that a similar wake known as the *velada del angelito* (wake of the little angel) occurs as a subject in such varied regions as Colombia, Chile and Costa Rica.[4]

It is worth noting that blacks were never mentioned as part of the *pueblo,* unless they were mulattoes in the category of servants; they were never the subject of the *artículos de costumbres,* except as picturesque street characters. The economy of the nation was based on black labor. Any other social thought was considered seditious. Blacks were only included as part of the social system when the *costumbrista* was describing the sugar mills and life in the country. In this vein, Anselmo Suárez y Romero is the outstanding *costumbrista*. His articles are especially good in depicting country scenes. His style is very formal, heavily influenced by the romantic school that was flourishing in Latin America. This style seems very suitable for the descriptions of the tropical Cuban landscape and the mournful sites of the *ingenios de azúcar* or sugar mills, but, if we set this mood aside for the moment, there are many other interesting facts to be gleaned from the reading of his articles.

Anselmo Suárez y Romero complains that, with respect to coffee, the island can hardly maintain competition with the foreign market,[5] and he fears (in the year 1859) that perhaps foreign trade will eventually drown out Cuban coffee. However, on the subject of tobacco, Cuba had no rival (p. 234). He points out that sugar marketing was increasing with easier custom laws; in fact, sugar production was surpassing the production of tobacco. As far as the sugar plantations were concerned, he notes that, by the middle of the nineteenth century, land was better cultivated and fertilized; the old plows were exchanged for better imported ones; the oxen at the mill had been replaced by machinery run by steam. Substituting machinery for manpower was increasing productivity and allowing the slaves to rest. The raw sugar was now automatically produced by machinery. A new apparatus replaced the process of crystallization. Local railroad carts transferred the sugar loaves to the refinery. No longer did the slaves have to perform this heavy burden besides cutting cane in the fields. The bagasse no longer had to be carried out to dry in the sun; it was used as fuel for the locomotives. Since there was no longer any trafficking of slaves, at least not legally, the new machinery gradually picked up the slack of new slave labor, increased productivity, and relieved the burden of the old workers. In an euphoria over scientific progress, Suárez y Romero saw Cuba crossed by railroads, with the consequent expansion of inland trade, the telegraph applied to commerce, river ports dredged for greater harbors, gaslight for inland towns, the adoption of manageable paper money, the increase of private companies, the lowering of interest rates, and the spread of printing houses and newspapers.

The greatest concern of Anselmo Suárez y Romero was how

agriculture would survive the shortage of labor in the waning population of slaves, the workers who had sustained the economy of Cuba since 1524. The decline, we learn, was being offset by the new immigration of Asians. In 1859, thousands were already employed in the fields. Suárez y Romero then adds that, if a humble editorial writer of customs and manners were allowed to express his opinion, the most efficient solution to the problem would be to accelerate the adoption of machinery, thus easing the hard life of the agricultural slave, allowing him to have a family and to prolong his life (pp. 234–238). This is the essayist writing his *Costumbres de campo* (Country ways). As an abolitionist, twenty years earlier, he had written a documented novelette, *Francisco*, the story of a slave. It circulated clandestinely in manuscript form, and ultimately was turned over to Richard Madden, the representative of Great Britain in the slave trade arbitration with Spain, who was in Havana at the time. Madden kept the 1839 copy. *Francisco* was finally published in New York, in 1880, based on the author's own copy.

No other *costumbrista* described in more detail the running of a sugar mill under the whip-cracking commands of the *contramayoral*. We see the *batey*, where the blacks lived in the huts they were allowed to build on Sunday, their free day, and we participate in the evening festivity of the drum dance, allowed by the master on special occasions, accompanied by African chanting and drum beating.

Anselmo Suárez y Romero does not neglect the typical Cuban farmer, the *guajiro*. He finds the *guajiro* an easy-going type, somewhat unappreciative of the rich soil and balmy climate of the country, but possessing an outstanding talent for reciting his *décimas*, the old Hispanic metric form which he preserved and moulded to his own lyrical improvisations. These descriptions of the *guajiro* were to be true and valid for another hundred years.

A third *costumbrista* who also started to write in 1838 was Gaspar Betancourt Cisneros, better known as "El Lugareño," the hometown writer. He embodies the spirit of Camagüey, as Luis Victoriano Betancourt, the son of the first *costumbrista* mentioned, was to represent the life of nineteenth-century Havana. Betancourt Cisneros was born in the provincial capital of Camagüey, founded in 1515 as Puerto Príncipe. He voiced his civic campaign for progress through twenty-six articles, printed in the town's newspaper *La Gaceta de Puerto Príncipe*, between the years 1838–1840, almost invariably on page one. They were later published in book form as his *Escenas cotidianas* (Daily scenes). Not satisfied with writing the usual amenities and mild remonstrances on the behavior of his *pueblo*, he was so civic-minded that he actually drew up schedules and gave practical economic advice, all within the informative, chatty style of the *costumbrista* writer. Betancourt Cisneros had spent twelve years in Philadelphia, where he was sent by his family as part of his education and to work for a business firm. He was now a landowner, but he had no slaves. Between the years 1841–1843, he corresponded with the abolitionist Domingo Delmonte, aware that his letters would be considered seditious by the Spanish government. To be labelled an abolitionist was even worse than to be called an insurgent. Nor did the censor allow the idea of "white colonization," which Betancourt Cisneros advocated, and for which he was officially reprimanded by the island's governor, the autocratic Leopoldo O'Donnell.[6] Betancourt Cisneros eventually emigrated to the United States, where he conducted, with other compatriots, an unsuccessful campaign to annex Cuba to the United States, a thought he later abandoned.[7]

Gaspar Betancourt Cisneros wrote several editorials on applied economics. In attacking the traditionalist type, he points out how he wastes his land for pasture in general, without improving the production of dairy products or segregating a portion of the land for farming. He publishes a budget estimate of a fair-sized farm that yields only 6 percent profit, whereas, with proper distribution and management, a small model farm worked by twelve white farmers could yield 22 percent, for which he, again, gives a full-scale budget. In another editorial, he offers a basic lesson in economics. He exhorts his people to work, which, he states, is the foundation of political economy, the science that deals with the way of creating and fomenting capital in a society that protects a person's rights against usurpation by others. He considers that society and man's mutual protection is man's natural state. He pursues his editorial lesson with an exposition on agriculture, industrial and commercial wealth, assets and capital gains, finally pointing out that, in Camagüey, sugar, coffee, cacao, rice, corn, and even meat, fat, cheese, and butter still had to be imported when the people could be producing all these goods themselves. Betancourt Cisneros insisted on the importance of the new railroad and on stimulating his people to work the land. When the governor of Cuba finally authorized the establishment of a chair of political economy in Camagüey, he took the opportunity to write an editorial and chide his people for their negligence in not being up to date on trade and financial matters. By 1838, it seems that the *onza española*, the *peso fuerte*, and the *peseta columnaria* (a gold piece, a silver piece, and a quarter piece issued in Spanish America) had almost disappeared in Camagüey. Instead, the currency was in *pesetas sevillanas*. The Camagüeyans accepted this *peseta* as *cinco reales de vellón*, whereas it was only worth four *reales* (not five), thus losing 25 percent on their transactions. The businessman who came from Havana never brought gold *onzas* because he would lose 3 to 6 percent in the exchange, but he was sure to carry away as many *onzas* as he could collect in Camagüey.

Gaspar Betancourt Cisneros was exceptionally concerned with education, as were all *costumbristas*, but he went one step further. For example, he printed a budget for a new school for girls as follows: 60 pesos per month for the principal, 30 for each teacher, 10 per servant, 12 for the doorman, and 45 per month for rent. Tuition ranged 4-16 pesos per month according to the students' means.

Betancourt Cisneros was equally concerned about men who had lost their fortune and could not work. Through his observations, we get an idea of the social and economic standards of the times. Medicine, pharmacy, and the sciences were not valued in society. The arts, even less. Since slaves were also trained in skills and became painters and plumbers, white men did not want to do the same work. Likewise, a slave girl could be bought for 300 pesos and trained. She often became a skilled seamstress, thus competing with white labor. In terms of the times, these were ironic considerations.

Far from forgetting the social amenities of his days, Gaspar Betancourt Cisneros delights in describing the variety of dances that were popular at the different social levels, including the famous *baile del reinado,* or dance of the kingdom, to commemorate, among the blacks, their homeland tradition of electing a tribal king every year. The celebration lasted three days and it was held around Christmas time. The percussion instruments used on this occasion were *atabales, güiros* and *zambombas,* and the dances performed were the ones remembered or simulated from the African homeland.

Among the humble people, there were special dances called *bailes de velorito, changüíes* or *rebumbios,* and their musical instruments were the small harp or the guitar. The *zapateo* (from the Spanish *zapateado*) was the most popular dance, with many derivatives, such as the *cuero,* the *gavilán,* and the *sarandico.* A little higher up in the social scale, the people enjoyed the Spanish *contradanza* and the waltz. The harpists were more skilled and the dances more measured. The society dances were called *bailes de etiqueta,* for grand occasions, and *bailes de ponina,* or private balls, which were further distinguished by young ladies as *bailes de seda* or *bailes de muselina,* according to the silk or muslin dresses worn for the occasion. Both the *baile de etiqueta* and the *baile de ponina* were attended by the same social group, but the former entailed an orchestra, engraved invitations, and a more sophisticated *ambigú,* or buffet. Initially, a designated lady opened the dance with the Spanish minuet, but to avoid favoring one lady over all the other ladies, the minuet was curtailed to a minimum. Apparently, the Spanish *contradanza* was the favorite, but by then, according to Betancourt Cisneros, music in Cuba had acquired a syncopation that European musicians could never master, and among the dancers, a quality which only a *criollo* could sense in dancing. Dancing was getting to be truly Cuban, and the gavotte, the mazurka, the English dance, and the French *rigodón* never gained any popularity and were soon forgotten.

Every *costumbrista,* certainly, has one outstanding article. With José María de Cárdenas, it was *El localista,* the newspaper reporter. In fact, Cárdenas has three articles on the subject of editing a newspaper, but the best one is on the city reporter in Havana. The best way to describe the quality of humor in this essay is to note that the peripatetic reporter of the 1840's could well fill the shoes of his modern counterpart. He finds that he has to cover every possible aspect of social activity, whether he is equipped for it or not, and, if nothing important happens, he must know how to fill the empty columns with an esoteric piece, such as a study on the intuitive psychology of cats. Here, notes the journalist, lies the test of the true reporter.

By the middle of the nineteenth century, the vogue of the editorial article of customs and manners was strong enough to warrant the publication of an anthology entitled *Los cubanos pintados por sí mismos*[8] (Cubans painted by Cubans), in imitation of the Spanish work *Los españoles pintados por sí mismos*. The Cuban volume includes thirty-three articles by eighteen authors, some of whom are the well-known essayists cited here; others were known enough at the time to be also mentioned in the *Diccionario biográfico cubano* by Francisco Calcagno, published in New York, in 1878. Some contributed to the work under a pseudonym. Curiously enough, the most interesting socio-economic articles of this anthology bear the signatures of contrived pen names. One of the articles deals with the *tabaquero,* or cigar maker. A young tobacco worker started to work at twelve to fourteen years of age and earned a *peseta* or twenty cents a day (which he handed over to his mother). He learned to pick out the stems of the tobacco leaves (with a few blows from the boss if he spoiled any). If the temptation to fish along the coral reefs of San Lázaro, to fly a kite, or to chase after stray dogs, to sell them as fish bait, should keep him from work, he was certain to get a beating at the factory. With time and practice, however, he was promoted to *torcedor,* or twister, the one who rolls the tobacco leaves. To keep the men happy at work, a cantor was chosen from among them. Thus, the *tabaqueros* made their contribution to Cuban music in the *danza* and the *canción*. To have a good hand at rolling tobacco was *to have architecture*. The leaves were ultimately sealed with a touch of starch glue. The most experienced worker among the *tabaqueros* was the *escogedor,* the man who knew how to choose the leaves of an even color from the heap. The *tabaqueros* earned five to six pesos in a twelve-hour day; it would take an office worker three days to earn as much. Yet, by his propensity to gamble at cockfights, the *tabaquero* would often be in debt to the factory owner.

Other characters described in *Los cubanos pintados por sí mismos* are the *gallero,* or breeder of gamecocks; the *gurrupié,* from the French *croupier;* the *corredor intruso,* the independent broker of farms, homes, and slaves; the *corredor de usuras,* the usurer; and the commercial *corredor,* who belonged to an official governmental college of brokers. He knew how to carry two or three dozen sugar samples for display and was familiar with the sugar crops in Louisiana, the beet market in France, the potential English trade, and the available packaged sugar in Cuba. He was knowledgeable in the coffee trade and was up to date on shipping and foreign exchange. Of equal importance in the business world was the *oficial de causas* employed in the local courts, who worked diligently at a fixed and meager salary, and whose next step of promotion was to *escribano real,* or royal government scribe, a position aspired to by many and restricted in the number of members by the governmental college of scribes.

In the country, there were other hard-working Cubans. For example, the milkman went through a daily odyssey to sell his milk before it turned sour. He started milking his cows at five in the afternoon, set out for Havana at midnight on his mule, his milk jugs covered with banana leaves. He arrived in the city at three in the morning, rested a bit, and delivered the milk at daybreak. After rinsing out his containers, he returned home at eight thirty in the morning, this time riding under a large umbrella. There was also the Cuban cowpuncher. He always walked. That was his lot. He walked an average of five to six miles a day while working with his herd of cattle, and he sold guava jelly and cheese as a sideline. He loved to dance a lively *guateque,* cracking his whip or *pihuela* as if he were tending his cattle. His buddy, the swineherd, worked with his dog and loved to improvise his *décimas* or love songs on his small harp. All these distinctive people, along with the teacher, the country doctor, the sugar-mill administrator, and others, made up the white working population of the island, described in *Los cubanos pintados por sí mismos.*

The journalist of customs and manners who best portrayed mid-nineteenth century Havana is Luis Victoriano Betancourt. He was the son of the initial *costumbrista* mentioned earlier. He published his first article in 1863 in *El Siglo,* Havana's famous newspaper. In five years, he wrote fifteen articles in nine other journals, as well as in a satirical newspaper which he founded in collaboration with two colleagues. The list of journals between his father's generation and his own seems to be substantial for the population of those days. Some journals ceased publication, but others appeared consistently.

The articles by Betancourt are decidedly humorous. They show a flair for dialogues, a trait subsequent *costumbristas* were to imitate. Betancourt studied law, and he was the typical patriot and man of letters of his time. He was twenty-five years old when the Great War broke out in 1868 and the Republic in Arms was created. He was a member, the secretary, and later the president of the House of Representatives of the Revolutionary Congress. Having gone into exile, he returned to Cuba after the war and continued his work as a lawyer, educator, and gazetteer. His articles were collected and published with his poetry in 1867. As a *costumbrista*, his articles also deal with typical characters, especially the teen-agers, the *pollos* and the *pollitas*, who are seen at all the dances. On the subject of dancing, Betancourt provides a veritable catalogue of social dances. Referring to the traditional and island dances, he speaks of a *rumbita buena*, the quadrille, the lancers (another quadrille), and the Spanish *danza*. He describes a buffet-rumba that he calls a *perico ripiao* because it turns out to be a free-for-all. The new Cuban dances have somewhat suggestive titles and seem to parallel the disco dances of today: the *remeneona*, the *sabrosa*, the *revolcona*, the *toma—chinito*, the *cochino* and the *apaga la vela*. Society in general was out to have fun. There is no use talking about technological institutes, education for women, open libraries; instead, bemoans the *costumbrista*, they have poolrooms, bullfights, cockfights, card games, and dancing—to paraphrase his own words: day dancing, night dancing; winter dances, summer dances; country dances, city dances; dances of yesterday, today, tomorrow, late, early, now, soon; dances here, there, everywhere. . . *"bailes de celdita, de cachumba, de cangrejito, de guaracha, de repiqueteo, de rumba, de chiquito abajo. . . ."*[9] He did not condemn dancing, however. In his genial way, he says, "There are many young ladies who follow Terpsichore with utmost decorum," and later he adds, "The *habaneros* dance better than anyone else in the world, because we have created a dance that is an African dance with the music of clarinets and cornets, blended with the *zapateo* and the *tango;* it is, no less, the cooling process of passionate love and the sepulcher of many virtues" (p. 180). With dancing, incidental social ways of thinking come to the fore. For instance, one of the dialogues indicates that "since Father owns a sugar mill" ("como papaíto tiene un ingenio"), there is no limit to the good life. However, there are times when Betancourt bemoans the excesses of the younger generation and reminds them that their country needs them: "¿Dónde vas, hermosa juventud, dónde vas?" (p. 203).

In the articles by Betancourt, as in those of other *costumbristas,* little is said about the black population. One example of black behavior is a reference to voodoo healing by a servant in the country who was a *bruja,* a witch healer. She cured the evil eye by making an ash cross over the victim's navel and giving him an infusion of *guano* (if *guano de monte* is meant, it refers to palm leaves). This was coupled with a prayer to San Luis Beltrán.

Undoubtedly, one of the most interesting articles by Luis Victoriano Betancourt is a formal one entitled *Havana, 1810–1840.* The article, published in 1866, opens informally with a chatty conversation between two middle-aged ladies remembering the good old days. Needless to say, the reminiscing goes back to dancing school. After this catchy introduction, the historian takes over and a minute topographical description of old Havana and its progressive urbanization ensues. The wilderness, the *manigua,* was soon cleared by the demarkation of San Miguel and Aguila streets. Broken-down houses gave way to the grand Prado Avenue and Consulado Street. Old country estates were cleared for the new district of Colón. Still, the districts beyond the city walls were left untouched. They were mostly made up of huts. Early in the century, within the city walls, the sight at night was dismal enough. If a carriage passed another at night, it was a matter of mutual suprise to the riders to find anyone at large at eight o'clock in the evening. In the daytime, San Miguel was the fashionable street, but it had nothing that could compare with the traffic of coaches, the gas lamps, and the clamor of the busy street of the 1840's. In those early days, intellectual life was at a standstill. There were no libraries. Newspapers were skimpy, bearing only news of foreign wars and, certainly, nothing about local politics. Schools were regimented by the rod. Social life was a series of fairs in honor of the patron saints of each district. In the long run, they fostered gambling and a demoralizing street atmosphere. Still, Cuba was producing luminaries that were forging a national way of thinking, while the people generally led a simple life. In contrast to this provincial life, the journalist now paints a bright picture of progress and growth. The city of Havana in the 1840's was a flourishing metropolis. Gas lamps lighted the city, the fairs were a thing of the past, better schools and libraries were established, newspapers began to circulate; it seemed that the telegraph and the locomotive had initiated a wave of progress.

Some of the vignettes or *cuadros de costumbres* were written by unpretentious authors like Juan Francisco Valerio, a reporter on the staff of the newspaper *El Siglo,* who apparently on two occasions displeased the editor and had to leave. In 1865 he published his articles in book form. Later, he became known as a writer for the *teatro bufo,* which produced short comedies (1868-1895). His articles, didactic in purpose, also have a touch of humor. One of his better ones is *No quiero morir ahora* (I do not want to die now), on the subject of expensive funerals.

The journalists who continued publishing in the last decades of the nineteenth century showed a marked change compared to the early writers. The subjects had become more plebeian and repetitive. The articles now lacked historical and social depth, and are, consequently, less interesting to the modern reader. For the public, they were less instructive, as they were written by more superficial authors. The style was lowered to the vernacular dialogue and only seemed to depict the social squabbles of the lower middle class in old Havana. For example, *Two Loaves for One* (two for the price of one instead of the usual four) is not meant to imply economic inflation. It simply portrays the many family quarrels which the event caused throughout the neighborhood. *How Some Women Write,* which refers to a young woman who cannot write a letter without getting ink all over her hands and face, is not a topic to encourage education but rather to illustrate that women chatter incessantly to offset the fact that they cannot hold a pen. Such are the essays of Francisco de Paula Gelabert in the mid-1870's.

The Great War (or The Ten Year War, as it was later known) was finally over in 1878. Deplorable as it was, it was not a total failure. It secured freedom for the Cuban Blacks who had fought valiantly beside Cuban patriots for national independence. It seemed that by then the journalistic essay of customs and manners had spent itself, judging from the fact that Cubans were looking back on this genre in 1881, when a new illustrated anthology of mostly old articles was published, entitled *Colección de artículos, tipos y costumbres de la isla de Cuba por los mejores autores de este género*.[10] Its appearance marked the end of a picturesque half-century of Cuban journalism on the subject of customs and manners.

NOTES

1. Cf. Roberta Day Corbett, "A survey of Cuban costumbrismo," *Hispania*, 33 (Feb. 1950), 41–45.

2. Antonio Bachiller y Morales notes, in his brief preface to the anthology *Tipos y costumbres de la isla de Cuba* (La Habana: Miguel de Villa, 1881), that in the decade of the 1830's journalism began to flourish in Cuba, since it was now free from the prohibition that had existed in the island on the publication of newspapers that were not "technical." The *Diario de la Habana* continued to be published under the auspices of the Sociedad Económica. This society counted on its members for a rotating editorial supervision. One of them, Manuel de Zequeira, decided, on his turn as editor, to write on customs and manners, and signed a number of articles on the subject as "The Observer." In this, he was following the Spanish eighteenth-century social and didactic tradition. In this vein, Buenaventura Ferrer had published, in 1800, a newspaper called the *Regañón de la Habana* (The Admonisher of Havana), which, according to Bachiller y Morales, was the best in that style of journalism. Zequeira was reprimanded for his personal literary expression at the subsequent general editorial meeting, adds Bachiller y Morales, but he continued with this flair in his *Relox de la Habana* (The Clock of Havana), depicting Cuban types, from 1800 to 1805. Then, Bachiller y Morales informs us of a novel publication, *La Moda o Recreo Semanal del Bello Sexo*, a weekly journal for ladies that appeared on November 7, 1830. It carried leading editorials on fashions and types of present and past times. Bachiller y Morales refers to the period of 1830–1837 as one of initiation, when the first literary attempts were made to describe Cuban customs in the essay, the romantic legend, and the romantic short story and novel. The first genre writers mentioned by Bachiller y Morales actually began to publish in 1838 and 1839. They wrote, as he points out, in the style of Mariano José de Larra and, later, in that of Ramón de Mesonero Romanos, that is, in the picturesque style of the genre essay of romanticism.

3. As a matter of curiosity, in the preface to *Artículos de costumbres* by José Victoriano Betancourt (La Habana: Ministerio de Educación, 1941, p. 11), there is a listing of twenty newspapers and literary journals in which the author published, five of which were from the province of Matanzas. In addition, there were ten more in which his son Luis Victoriano Betancourt published. These data provide an eloquent testimony of the newspapers and journals issued in Havana alone in a generation span of forty years prior to the Great War of 1868.

4. Marguerite C. Suárez-Murias, *La novela romántica en Hispanoamérica* (New York: Hispanic Institute in the United States, 1963), p. 225.

5. Anselmo Suárez y Romero, *Colección de artículos* (La Habana: Establecimiento Tipográfico La Antilla, 1859), p. 234. Subsequent page references to this work are given in the text.

6. Federico Córdova, *Gaspar Betancourt Cisneros, El Lugareño* (La Habana: Editorial Trópico, 1938), pp. 100–102.

7. In his preface to *Tipos y costumbres de la isla de Cuba* (La Habana: Miguel de Villa, 1881), Antonio Bachiller y Morales refers to an edition in verse, *Las habaneras pintadas por sí mismas, en miniatura* (La Habana: Oliva, 1847), as an example of the poetic enthusiasm of the times.

8. *Los cubanos pintados por sí mismos: Colección de tipos cubanos*. La Habana: Imprenta y Papelería de Barcina, 1852.

9. Luis Victoriano Betancourt, *Artículos de costumbres* (La Habana: Cultural, S.A., 1929), p. 178. Subsequent page references to this work are given in the text.

10. The collection does contain some new articles, but proof of the fading of the genre is the fact that new authors sometimes refer to the outstanding illustrations in this anthology to supplement their descriptive efforts. Such is the case in the article entitled"Náñigo," which deals with the history of the cult that became known as *ñañiguismo,* as professed by the descendants of the black *Carabalí* of Central Africa. In describing the appearance of the *Náñigo,* the author refers us to a grand illustration of a barefooted black in a full multicolored coverall, similar to a Harlequin costume, and topped by a one-piece mask and a pointed hood of the same material. Small cowbells are fitted around the wrists and ankles, adorned with flowering herbs as well, a natural ornament that appears also around the waistband, from which a dead cock hangs on the side. The figure assumes a dramatic stance, with a wand in the left hand and a cluster of the same flowering herbs in the other.

BIBLIOGRAPHY

BETANCOURT, José Victoriano. *Artículos de costumbres*. La Habana: Ministerio de Educación, 1941.

BETANCOURT, Luis Victoriano. *Artículos de costumbres*. La Habana: Cultural, S.A., 1929.

BETANCOURT CISNEROS, Gaspar. *Escenas cotidianas*. La Habana: Ministerio de Educación, 1950.

CALCAGNO, Francisco. *Diccionario biográfico cubano*. New York: Imprenta y Librería de N. Ponce de León, 1878.

CÁRDENAS y RODRÍGUEZ, José M. de. *Colección de artículos satíricos y de costumbres*. La Habana: Imprenta del Faro Industrial, 1847.

CORBETT, Roberta Day. "A survey of Cuban costumbrismo." *Hispania*, 33 (Feb. 1950), 41–45.

CORDOVA, Federico. *Gaspar Betancourt Cisneros, El Lugareño*. La Habana: Editorial Trópico, 1938.

Los cubanos pintados por sí mismos: Colección de tipos cubanos. La Habana: Imprenta y Papelería de Barcina, 1852.

GELABERT, Francisco de Paula. *Cuadros de costumbres cubanas*. La Habana: Imprenta de la Botica de Santo Domingo, 1875.

MILANES, José Jacinto. *El mirón cubano*. La Habana: Consejo Nacional de Cultura, 1963.

SUAREZ y ROMERO, Anselmo. *Colección de artículos*. La Habana: Establecimiento Tipográfico La Antilla, 1859.

Colección de artículos: Tipos y costumbres de la isla de Cuba. Ed. Miguel de Villa. La Habana: 1881.

VALERIO, Juan Francisco. *Cuadros sociales: Colección de cuadros de costumbres*. La Habana: 1865.

V

Curiosidades literarias: La primera novela cubana

Appeared first in *La Voz* (Las Americas Publishing Co.), New York, February 1960, p. 16.

Curiosidades literarias:
La primera novela cubana

Por los años en que Ramón de Palma y Cirilo Villaverde publicaban en las revistas literarias de la época los primeros ensayos de la novela en Cuba, se traduce del francés una obra corta, *Historia de Sor Inés*, que puede considerarse como la primera novela en la literatura cubana. Data de 1832. Su traducción al español aparece en 1838. Escribe esta singular novelita una dama de la sociedad habanera, María de las Mercedes Santa Cruz y Montalvo, condesa de Merlín (1789–1852). La novela formó parte primero de sus memorias *Mes Douze Premières Années*. Al año siguiente obtiene edición aparte.

María de las Mercedes, hija de los condes de Jaruco y Monpox, pasa sus primeros años en Cuba en el hogar de su bisabuela. A los nueve años ingresa en el Convento de Santa Clara, de donde termina por fugarse la resuelta colegiala. Pronto cambia su porvenir. A los doce años se va con su padre, el conde de Monpox, a residir con su familia en Madrid. Así desde joven forma sus gustos literarios al lado de su madre, la condesa de Jaruco, a cuyas veladas, según cuenta Gertrudis Gómez de Avellaneda, acudía lo más florido de la monarquía. Allí leía Quintana sus obras. Allí disertaban Moratín, Meléndez Valdés, Arriaza, Mauri. Allí traía Goya los bosquejos de sus cuadros y se apreciaban las composiciones de los más célebres músicos de la época.

María de las Mercedes contrajo matrimonio con el conde de

Merlín, general de las tropas napoleónicas. Al retirarse las tropas francesas en 1813, establece la Condesa su residencia en París. La joven *dilettante,* que se distinguía además por su hermosa voz, se dedica con entusiasmo a las bellas letras y a la música. Así, en sus días, se hablaba del salón de la condesa de Merlín como centro de arte, donde se reunía la más selecta sociedad parisiense.

La *Historia de Sor Inés,* aunque primicia literaria, es producto de un carácter formado. A pesar de ser una confesión sentimental y no obstante el ambiente romántico en que fue escrita, se advierte aún en la traducción un estilo decidido y vigoroso.

La historia es sencilla. Por un amor contrariado, toma el velo como Sor Inés una joven de la sociedad habanera. En sus confesiones anota la vuelta del joven oficial. La escabrosa historia termina en una escena de naufragio en que mueren los dos amantes frente a las costas de la Florida.

Cronológicamente, la *Historia de Sor Inés* constituye la primera novela cubana, aunque escrita en francés y fuera del país. Artísticamente, sigue la tradición de las confesiones y novelas epistolares encauzadas en el orden romántico por Rousseau. A primera vista, la fuga de sor Inés del convento sugiere la influencia de Manzoni, de quien pudo haber seguido la autora uno de los episodios secundarios en *I Promessi Sposi.* El final recuerda el desenlace trágico de la novela de Bernardin de St. Pierre, *Paul et Virginie.* El Convento de Santa Clara (el antiguo Correos) es evocación de la autora, donde estuvo de pensionista durante su primer año escolar.

Agustín Palma tradujo *Mis doce primeros años* en 1838 y en esa edición, de Filadelfia, anuncia que la traducción de la *Historia de Sor Inés* sería reproducida en el tomo siguiente. Se hicieron varias ediciones en la Habana de estas obras y de otras memorias y biografías que escribió la condesa de Merlín. Entre ellas, la *Historia de Sor Inés* guarda aún su simpatía. Las confesiones que debían encontrar salida en aquel diario apenas permiten al discreto lector ponderar los méritos que de paso hace la supuesta novicia de la vida en el claustro, por la dramática encadenación de los hechos que siguen. Pero es posible que esta primicia literaria, pese a su estilo, pueda despertar aún hoy día algo más que el interés de una curiosidad bibliográfica.

VI

Vassar College en la novela mexicana, 1869

Vassar College en la novela mexicana, 1869

VASSAR COLLEGE, 1861
José Eustasio Rivera y Río
Los dramas de Nueva York

El lector no quedará disgustado de una visita a ese magnífico edificio de Poughkeepsie, una de las poblaciones más pintorescas, situada a las márgenes del Hudson, del Rhin de la América, como se le llama con justicia a ese simpático río, sobre eminencias que dominan un bellísimo escenario.

Al describir el Vassar College, no podemos resistir a la tentación de hacer algunas reflexiones, que en obsequio de nuestras hermosas y adoradas mujeres meridionales, hemos escrito sobre el terreno.

¡Cuánto hemos deseado para nuestra patria y para tantas criaturas angelicales, dotadas de corazón e inteligencia, nacidas en nuestro suelo y en la América latina, un asilo semejante!

El Vassar College es un modelo de gusto y sencillez arquitectónica, y su situación en el campo, distante del bullicio de las grandes ciudades, sin que por esto se incomunique de los principales centros de la población del país, la hace muy a propósito para el objeto a que está destinado.

Su hermosa y elegante fachada de tres y cuatro pisos, sin incluir las buhardillas, mide sólo en su parte central quinientos pies de longitud por ciento setenta de latitud, y algo más de los dos esbeltos y suntuosos departamentos dedicados al observatorio astronómico y a la escuela de equitación y gimnástica, que comprenden el magnífico plan que concibió su inolvidable fundador.

El objeto de este colegio fue proporcionar a la juventud del bello sexo la educación más perfecta y liberal que recibe el hombre, adaptada a todas las necesidades de la vida.

El fundador lo dotó con más de medio millón de pesos, y nada se ha omitido para que corresponda a la idea primitiva de su benefactor.

Su descripción nos llenaría muchas páginas, y nos limitaremos a decir lo muy esencial de una obra que es la admiración de los viajeros; cuando se visita ese edificio en que es uno acogido con la mayor cordialidad, no se tiene más que elogios que prodigar a tan sabia, a tan adelantada institución.

Los terrenos del colegio abrazan cerca de doscientos acres, de cuya extensión una tercera parte se ha aprovechado, formando una especie de parque con amplios y espaciosos senderos para hacer ejercicio a pie, y anchurosas calzadas para carruajes. El resto, sin incluir la extensión destinada a los edificios vastísimos de la institución, se cultiva como huerta o jardín.

El edificio principal contiene cinco viviendas independientes, además de proporcionar localidad para cerca de cuatrocientas señoritas y sus maestros, con abundantes salas para las clases, lecturas, música y pintura. Contiene también una capilla, un comedor, salones de recepción, librería, galería de artes, gabinetes de física, laboratorio químico, gabinete de historia natural, etc., etc. Las necesidades de calórico, ventilación y luz están perfectamente provistas, y el agua suministrada en abundancia por todo el edificio; numerosos cuartos de baño y cuanto reclaman la civilización y la higiene, se encuentran en el Vassar College.

En un país en que las construcciones demandan más previsión que en otros por los incendios, nada se ha ahorrado allí para librar el edificio de tales accidentes.

Es digno de mencionarse el gabinete de geología y mineralogía, que ha costado más de doce mil pesos; el museo de historia natural, aunque no completo todavía, tiene cuatro mil ejemplares de muestras del reino zoológico, comprendiendo vertebrados, articulados, moluscos y radiados. La colección botánica contiene ya quinientas especies de plantas silvestres, y está recibiendo constantemente nuevos ejemplares. El museo se ha enriquecido hace poco con una colección de pájaros norteamericanos de J. P. Giraud, que contiene ochocientas aves.

Este generoso donador dio también los recursos pecuniarios que hubieran de necesitarse para formar un gabinete completo de ornitología norteamericana.

El observatorio astronómico contiene un reloj y cronógrafo construido por los Sres. Bond, de Boston, un excelente telescopio ecuatorial, montado por el célebre Henry Fitz, de Nueva York, y otros muchos aparatos de la mejor calidad.

En la galería artística, sólo la colección que, como un obsequio suplementario, ofreció Mr. Vassar al colegio, costó al donador veinte mil pesos.

La escuela de música posee treinta y un pianos de las fábricas de Bradbury, Chickering, Decker hermanos, Hallet y Davis, Steck, Steinway, la "United Piano Makers" y Weber.

Hay una escuela de dibujo perfectamente provista con todo lo que puedan necesitar las educandas, antes de estar en disposición de ingresar a la galería artística.

Es notable la colección de cartas y diagramas que tiene el Colegio para el estudio de la geografía física, zoología y geología. Los mapas topográficos para la instrucción de la geografía antigua y moderna, de colosales dimensiones, constituyen una riqueza.

Hay los aparatos necesarios para la escuela de física, para el departamento de anatomía y fisiología, y para todos los demás objetos de esta famosa institución.

Difícil nos sería de ocuparnos de cada clase en particular, de cada detalle de este plan, que forma contraste con los antiguos monasterios y colegios de niñas de que aun tenemos algunos modelos con sus rejas y todo el aparato inquisitorial que acompañaba a la educación.

Esta curiosa descripción de Vassar College, hecha ocho años después de su apertura, se encuentra en una obra del prolífico y olvidado novelista mexicano José Eustasio Rivera y Río. De estilo folletinesco, la novela se titula *Los dramas de Nueva York* y abarca la historia sentimental de la vida de dos estudiantes de Vassar College. La novela contiene además interesantes cuadros costumbristas sobre la vida en la gran metrópoli por la década de 1860. Se publicó en Nueva York (dos tomos en uno) en 1869. El capítulo sobre Vassar College se encuentra en el primer tomo (pp. 77–82) y lleva el emblema de la institución. Por lo peregrino del inusitado hallazgo, se. le envió el pasaje citado a la insigne presidenta de Vassar College, Sarah Gibson Blanding, quien correspondió afablemente con la siguiente carta:

VASSAR COLLEGE
POUGHKEEPSIE · NEW YORK
Office of the President

January 13, 1960

Dr. Marguerite C. Suárez-Murias
3208 Calvert Street North
Baltimore 18, Maryland

My dear Dr. Suárez-Murias:

You are most thoughtful and kind to have translated and
copied the passage describing Vassar College from the 1869
novel LOS DRAMAS DE NUEVA YORK by José Rivera y Río. I
immediately checked with our Library and found that it does
not contain this book. Your letter will become a part of
our Vassariana which, as our Centennial draws near (1861),
is of particular significance. I have had copies made of
your letter and am sending one to the Director of the
Centennial and one to the Executive Secretary of the Alumnae
Association. I can assure you that it will be used in
a variety of ways.

You may be interested to know that the "graceful and elegant
facade" which was ruined by an awkward addition in the 1890's
is being restored to its original "good taste and simplicity"
in time for our Centennial Celebration.

On behalf of the college and personally I thank you for this
quaint and interesting contribution.

Cordially and sincerely,

Sarah Gibson Blanding

SGB/vs

VII

Los iniciadores de la novela en Puerto Rico

Appeared first in *Asomante*, Vol. XVIII, No. 3 (julio-septiembre de 1962), pp. 43–48.

Los iniciadores de la novela en Puerto Rico

Las primeras manifestaciones del género novelesco en Puerto Rico fueron los ensayos que aparecieron en la colección *Aguinaldo Puertorriqueño* en 1843. Mayor significación que las novelitas tuvo la recopilación en sí, obra de un grupo de jóvenes que se reunió con intención de componer y publicar un libro enteramente criollo. Las novelitas que aparecieron en el tomo fueron: *Muerta por amor*, de Mateo Cavalhon; *La infanticida*, de Juan Manuel Echevarría (*Hernando*); *Pedro Duchateau*, de Martín J. Travieso; y *El astrólogo y la judía. Leyenda de la Edad Media*, de Eduardo González Pedro (*Mariano Kohlmann*). Los estudiantes puertorriqueños en Barcelona respondieron con un *Album Puertorriqueño*, 1844, y un *Cancionero de Borinquen*, 1846.[1] En esta última colección aparece otra pequeña novelita, *Amor y generosidad*, de Francisco Vasallo y Cabrera.[2] El género novelesco sigue en su período de formación con una novelita indianista de Alejandro Tapia y Rivera, *La palma del cacique*, Madrid, 1852. Luego un relato sentimental simbólico, *La virgen de Borinquen*, París, 1859, escrito en francés, por el patriota Ramón Emeterio Betances (1827–1898). Al año siguiente, *El heliotropo*, diminuta novelita sentimental de Alejandro Tapia, escrita en 1848 y publicada en el *Almanaque Aguinaldo* en 1860.

De todos los escritores mencionados, sólo Alejandro Tapia y Rivera (1826–1882) surgió como novelista, siendo así el iniciador de la novela en Puerto Rico. Al mismo tiempo se distinguió en el género Eugenio María de Hostos (1839–1903), con *La peregrinación de Bayoán*, única novela del eminente pensador, político y educador. Son estos dos escritores los representantes de la novela en Puerto Rico durante su período inicial. La novela tuvo un desarrollo tardío en Puerto Rico. El género no había tenido ocasión de formarse dentro del desarrollo intelectual de la Isla y la estricta censura colonial afectaba la producción literaria del país. Cuenta Tapia en sus memorias que su drama romántico *Roberto D'Evreux* (1848) fue suprimido por humanizar a los soberanos, exponiendo los sentimientos íntimos de una reina.³ Cuando Tapia quiso publicar en 1853 su *Biblioteca histórica de Puerto Rico*, un compendio de lo que los historiadores habían dicho con referencia a la Isla, fue censurado por el contenido de una elegía de Juan de Castellanos.⁴ Hacia 1855 Tapia intentó fundar un Ateneo, pero se le presentaron tales inconvenientes, que decidió abandonar el proyecto, y éste no se realizó hasta veinte años más tarde.⁵ Desde luego, ninguna expresión política podía entrar en una obra. La novela de Eugenio María de Hostos, publicada en España en 1863, fue prohibida enseguida en la Isla. Dentro del aspecto cívico, el tema de la esclavitud era vedado. Dice Tapia en sus memorias: "Los mismos que querían o hubiesen querido defender al siervo contra los intereses solidarios de una sociedad entera, lo hacían con cierto temor nacido de su aislamiento y tratando de no insistir demasiado para evitarse la malquerencia y hasta el castigo inherente a lo que se llamaba al punto *abolicionismo*, sinónimo de separatismo."⁶

El criollismo encontró salida en la prosa de la naciente literatura puertorriqueña en los artículos de costumbres. Ya en 1849 Manuel Antonio Alonso (1822–1889), poeta criollista a imitación de Domingo Delmonte en Cuba,⁷ publica en Barcelona un tomo de ensayos costumbristas titulado *El Jíbaro*. Sin embargo, el género costumbrista no se incorporó a la novela, evidentemente romántica, de este período inicial. Ni siquiera fue, en consideración a las restricciones coloniales, vía inofensiva de expresión nacionalista como en la novela cubana.

Alejandro Tapia llamó a sus primeras producciones novelescas, leyendas. *La palma del cacique. Leyenda histórica de Puerto Rico*, 1852, es una novela indianista escrita en tono poético bajo la influencia del maestro Chateaubriand, dentro de un cuadro idealista, con uso de vocablos indígenas. Tapia escribió la novelita en Madrid, a raíz de conocer al literato Domingo Delmonte, quien lo alentó en sus esfuerzos literarios. La obra quedó incluida en la colección que Tapia publicó en la Habana de sus obras, *El bardo de Guamaní*, 1862.

En la misma colección apareció *La antigua sirena, Leyenda veneciana*. La obra, de entretenida lectura, resulta ser una novela alegórica de análisis político sobre la Venecia del siglo XIV. La alegoría queda reducida al final a una tabla razonada de los personajes que representaron la ficción novelesca, con sus correspondientes figuras simbólicas. La antigua sirena, la bellísima y ambiciosa florista que logra entrar en la aristocracia, perdiendo luego su influencia, es Venecia. En la alegoría queda comprendida la crítica: "Por su astucia y su mañoso ingenio mantuvo el poder, pero abusando de él con intrigas y despotismo, murió dejando un recuerdo de su belleza, de poder, de delitos."[8]

Después de diez años, Alejandro Tapia publicó en Madrid en 1872, una obra novelesca excéntrica y de tono festivo, muy lejos de todo convencionalismo romántico: *Póstumo el transmigrado. Historia de un hombre que resucitó en el cuerpo de su enemigo*. Es un absurdo llevado a la más jocosa realidad artística. Su maquinación es la fantasía. Su fundamento, la noción de la transmigración de almas. El resultado, una burla del espiritismo. En la sátira surgen pasajes de crítica social y política a la manera de los costumbristas peninsulares. Lo que vale en el desarrollo del relato es la ingeniosa humorada del autor. Marcelino Menéndez y Pelayo relaciona la obra con el *Avatar* (1857), de Téophile Gautier.[9]

En un tono entre nostálgico y sonriente, escribio Tapia *La leyenda de los veinte años*, 1874. Es una novela corta. Teniendo presente las memorias de Tapia, se traslucen las propias reminiscencias juveniles del autor fantaseadas en el hilo de la ficción. Describe con la mayor seriedad posible las difíciles situaciones de un adolescente con visiones de héroe romántico. Los padres, inquietos, deciden enviarlo a España. Allí, en vez de estudiar, se dedica este joven a ser hombre de mundo. Hastiado, se va a Italia, pelea con Garibaldi y regresa cojo. Ya es otro Byron. De nuevo en su tierra natal, se encuentra frente a la marcha normal de la vida cotidiana que siguen sus antiguos compañeros. Queda por el momento solo y mira a su alrededor con la nostalgia de alguien que recuerda el tiempo grato de su juventud. Es la mejor obra en el género novelesco de Tapia por el acierto y la simpatía con que esboza los sentimientos y destinos propios de la adolescencia. En su siguiente novela, Tapia volvió a escribir dentro del ambiente de su patria. Elabora una ficción sobre un personaje de hecho histórico, Roberto Cofresí, pirata que fue capturado en 1825, a los veintiseis años, y fusilado con otros diez compañeros. La novela tiene una historia incidental de amor entre uno de los compañeros del pirata y una muchacha del pueblo, codiciada por otro de los marinos. Cofresí aparece como figura romántica: "se traslucía en su conducta la influencia de una imaginación romanesca y visionaria. De ésta eran hijos sus delitos, más bien que de la perversidad del corazón."[10] Cofresí se publicó en 1876. Tiene pasajes descriptivos y dramáticos acertados en los encuentros y maniobras en alta mar de la goleta pirata al frente de las costas de la Isla. No escasearon luego obras escritas bajo la inspiración más o menos directa de Tapia sobre Cofresí o el tema de piratas y filibusteros. Así tenemos El tesoro de Cofresí, 1889, de Francisco Ortega y Huracán, 1897, basada sobre la vida de Cofresí, de Ricardo del Toro Soler.

La Miscelánea de prosa y verso que Alejandro Tapia publicó en 1880 contiene dos novelitas, A orillas del Rhin y Enardo y Rosael, o El amor a través de los siglos. En la primera, regresa el autor a su estilo romántico primitivo en un breve relato melancólico, con desmedro de su capacidad creadora. Aquí, como en la segunda novelita mencionada, se reanuda el tema de la transmigración de almas. Enardo y Rosael es una fantasía de un angel que ha visto a Enardo, discípulo de Sócrates, dormido en el bosque, y pide dejar el cielo por el amor terrestre. Se le concede el permiso con la condicón de no poder regresar hasta que el amor sea digno del cielo. Los amantes se ven primero en Grecia, luego en la Edad Media y por último, en la moderna. A cada paso se interpone la celosa Venus. En sus Memorias Tapia habla del "escaso pero hechicero helenismo" con que se había nutrido en su adolescencia. Enardo y Rosael tiene un helenismo parnasiano, un sensualismo poético, de impresiones, de simbolismo, que preludia la prosa artística del modernismo.

Recordando Tapia la buena acogida que había recibido *Póstumo*, decidió escribir una segunda fantasía diez años más tarde (1882). El tema fue *Póstumo envirginiado, o Historia de un hombre que se coló en el cuerpo de una mujer*, es decir, Virginia. En tal situación, la mirada cejijunta del angel custodio de Póstumo se reconcentra. Póstumo, el espíritu, responde dedicándose a abogar por los derechos femeninos, de modo que Virginia muere batiéndose en una barricada por la emancipación de la mujer.

Alejandro Tapia publica por espacio de cuatro décadas. Se inicia como escritor romántico. En la última década pasa al estilo realista en la primera fantasía de *Póstumo* (1872) y a lo que podría llamarse naturalismo humorístico en su segunda parte (1882). Vuelve al romanticismo inicial en otras obras y en una ocasión preludia la prosa modernista (1880). Datos que ponen en evidencia el anticipado y variado desarrollo estilístico de Alejandro Tapia.

En la historia de la novela en Puerto Rico, se le concede a Francisco del Valle Atiles (1847–1917) el puesto cronológico de primer novelista realista por su obra *Inocencia*, 1884, seguido de Salvador Brau (1842–1912) con *La pecadora*, 1887. La novela naturalista surge en la última década del siglo con Matías Zeno Gandía (1855–1930).

Aunque Alejandro Tapia es el iniciador de la novela puertorriqueña, Eugenio María de Hostos le precede con su novela en interés nacionalista y aun en la representación cabal del género. La forma de la novela en Puerto Rico es elusiva en su período inicial romántico. Sólo dos de las obras de Alejandro Tapia, *La leyenda de los veinte años* (1874) y *Cofresí* (1876) son en realidad novelas. Estas dos y su novelita indianista *La palma del cacique* (1852) son de inspiración nativa. La novela de E.M. de Hostos data de 1863. Sólo él había de abordar el tema nacionalista, aunque fuera de la patria.

En la escasa novelística romántica puertorriqueña, hay una evasión o escapismo, ya en la forma o en el contenido del género novelesco, que sirve en muchas ocasiones de subterfugio político. Tal ocurre en las contadas páginas de *La virgen de Borinquen*, publicada en París, 1859, cuya alegoría revela una velada protesta colonial;[11] en la alegoría crítico-política *Antigua sirena*, publicada en la Habana, 1862, perdida en el tomo *El bardo de Guamaní. Ensayos literarios;* en *Póstumo el transmigrado,* con sus comentarios político-sociales, Madrid, 1872; y en *La peregrinación de Bayoán,* Madrid, 1863 (y Santiago de Chile, 1869), explícita reclamación de los derechos civiles.

La peregrinación de Bayoán, de Eugenio María de Hostos, es a la vez un diario sentimental y un ideario político. Bayoán es un joven idealista como su creador, y romántico como los héroes que le sirvieron de modelo, Werther y Jacopo Ortiz. Sólo que Bayoán se juró el conocimiento de sí mismo, y sus actos, según su creador, partían de su conciencia, donde reinaba la razón. Pero héroe romántico, al fin, la lucha entre el corazón y la conciencia fue su agonía. Al principio vaciló entre seguir el curso común de la vida, atendiendo sólo a los deseos inmediatos, o dedicarse a un fin difícil, pero más noble. Bayoán sondeó su conciencia, sintió la patria, y emprendió una cruzada idealista. Vagó por las Antillas, siguió los pasos de Colón y apostrofó la tierra que aquél tocara. En su nebulosa peregrinación, conoció en Cuba a Marién, hija de Guarionex. Entonces se recrudece para Bayoán su agonía, pero se concreta por contraste su ideal. Amaba a Marién, pero para hacerse digno de ella, tenía que cumplir primero con su ideal, que era el deber de la patria. Su conciencia le hace reanudar su peregrinación. Ahora iría a España.

Marién sintió la primera zozobra en su espíritu y la primera angustia de su mal. Para que se repusiera, sus padres pensaron ir a España también. Haciendo escala en Puerto Rico, se encuentran de nuevo la joven y el patriota. El idilio se formaliza. El lirismo de Bayoán culmina en su diario. Recuerda el balcón de la casa de campo que habían tomado por unos días los padres de Marién y lo describe emotivamente en uno de los pasajes líricos más hermosos de la prosa romántica hispanoamericana.

En la travesía, Bayoán tiene ocasión de expresar sus ideales políticos a un triste viajero enfermo, patriota como él. La larga travesía agrava el mal de Marién. En España, Bayoán decide sofocar su ideal por el bien de Marién. Se casa con ella con la esperanza de hacerla feliz y contrarrestar el desencadenamiento de su enfermedad, pero Marién muere. Bayoán se despide de su confidente, de Hostos, para reanudar su peregrinación en busca del bien político.

Este es el romance de Bayoán, tal como se revela en su diario. Ahí está la afirmación de su conciencia patriótica, la parte viva de la ficción, que en el siglo pasado debió haber sobrellevado la forma artística que hoy día queda de la obra. Al publicarse primero en España en 1863, dijo un crítico anónimo que la obra era la aparición de la conciencia en el siglo XIX. Anónimo, porque nadie se atrevió a reconocer públicamente una obra que contenía pasajes de tan recto ataque liberal, aunque privadamente hubo quien, como Pedro Antonio de Alarcón, tomara nota de ello. En la exposición de los derechos del hombre, Bayoán apostrofa a la madre patria, clamando por los derechos civiles de los antillanos. De Hostos abogaba por las Antillas mayores como por sus hermanos. Bayoán en la novela se identificaba con Puerto Rico, Marién con Cuba y Guarionex con Santo Domingo.¹² La prohibición de la novela en Puerto Rico, lejos de evitar su lectura, sirvió para hacerla más buscada. En la peregrinación del autor por las Américas, la novela se publicó en Chile en 1869 con una nota de Eugenio María de Hostos advirtiendo que ya no abogaba por la autonomía de su patria sino por la independencia.

Dentro del legado artístico de *La peregrinación de Bayoán*, si el espíritu agonizante del héroe le da a la obra un tono excesivamente melancólico, el lirismo de la prosa la eleva al nivel de los clásicos hispanoamericanos. Así, en la historia inicial de la novela en Puerto Rico, Alejandro Tapia y Rivera le dio forma y variedad al género; Eugenio María de Hostos le dio el prestigio de una prosa consumada.

NOTAS

1. Alejandro Tapia y Rivera, "Introducción," *El bardo de Guamaní. Ensayos literarios* (La Habana: El Tiempo, 1862), p. 8.

2. Carmen Gómez Tejera, *La novela en Puerto Rico* (San Juan: Universidad de Puerto Rico, 1947), pp. 32–33.

3. Tapia, *Mis memorias, o Puerto Rico como lo encontré y como lo dejo* (Nueva York: De Laisne & Rossoboro, Inc., 1928), p. 125.

4. Ibid., p. 2.

5. Ibid., p. 90.

6. Ibid., p. 83.

7. Pedro Henríquez Ureña, *Las corrientes literarias en Hispanoamérica* (México: Fondo de Cultura Económica, 1949), p. 253.

8. Tapia, *La antigua sirena* (en *El bardo de Guamaní*), p. 301.

9. Marcelino Menéndez y Pelayo, *Historia de la poesía hispanoamericana* (Santander: Aldus, 1948), I, p. 339.

10. Tapia, *Cofresí* (San Juan: Imprenta Venezuela, 1943), p. 257.

11. Manuel María Sama, *Bibliografía puertorriqueña* (Mayagüez, P.R.: Tipografía Comercial Marina, 1887), p. 47.

12. Santo Domingo por aquel tiempo pasaba por el período de anexión a Espāna, de 1961 a 1865, que interrumpió el curso de la república establecida en 1844. En 1865 partieron las últimas tropas españolas, triunfando definitivamente el gobierno restaurador.

VIII

Variantes autóctonas de la novela romántica en Hispanoamérica

Appeared first in *Hispania*, Vol. XLIII, No. 3 (September 1960), pp. 372–75.

Variantes autóctonas de la novela romántica en Hispanoamérica

En la totalidad del movimiento romántico en Hispanoamérica, surgieron unas cuantas figuras notables que fueron los teóricos del romanticismo hispanoamericano. No fueron los únicos maestros del romanticismo americano, pero en su tiempo establecieron dogmas literarios: evaluaron la herencia europea y el patrimonio español y manifestaron la independencia intelectual mediante una estética americanista. Así, Esteban Echeverría en Argentina, Andrés Lamas en Uruguay, José Victorino Lastarria en Chile, Juan León Mera en Ecuador e Ignacio Altamirano en México. Todos, al exponer su estética, tuvieron un ideal común: el de adaptar las normas del romanticismo europeo a los intereses americanos y crear así una literatura autóctona.

En los países del norte del hemisferio hispanoamericano, el romanticismo se infiltró en general sin el estruendo de la escuela militante. En esos países se destacaron algunos literatos que organizaron círculos intelectuales en los cuales se formaron, bajo su estímulo y dentro de la corriente literaria venida de Europa, los jóvenes de la nueva generación romántica.

La enseñanza de todos estos maestros y orientadores de la escuela romántica en Hispanoamérica se tradujo, en cuanto a la novela, en la originalidad autóctona del género. Todos los temas fueron de interés nacional. El panorama era la naturaleza americana. La acción, la representación de escenas del país, ya en el campo o en las ciudades. Los personajes románticos fueron los héroes y tipos nacionales.

Los románticos europeos buscaban su escapismo en la lejanía geográfica y en la lejanía del tiempo, en el exotismo paisajista y en la historia medieval. La naturaleza americana era en sí exótica. Relativamente lo era para los europeos y conscientemente para los criollos. En la novela sentimental y en la indianista, en *María* y *Cumandá*, se reproduce en cuadros autóctonos el exotismo paisajista de los maestros Bernardin de St. Pierre y Chateaubriand. El tema indígena evocado en tiempos de la conquista sugirió a su vez un exotismo deslumbrador de riquezas en atavíos y piedras preciosas, de fabulosos templos y palacios. El otro extremo era el tema indígena en árcade sencillez. El costumbrismo suplió también el pintoresquismo exótico en la novela romántica. La variedad de razas y tipos, y la variedad de costumbres regionales y sociales era fuente inagotable de exotismo local.

El medievalismo europeo no tenía particular significación para el americano. Su pasado era el pasado colonial. La variedad de temas dentro del género de novela colonial fue grande. No interesan las obras hoy tanto como podrían dado a su estilo de elaboración. La novela histórica que trata la conquista, al incluir el indio, tema ineludible, se vuelve artificiosa novela indianista. Las historias de los conquistadores terminan por ser folletinescas. Las novelas del virreinato no guardan otro interés que el enredo de episodios espeluznantes. Algunas fueron más favorecidas debido a la mano del costumbrista, que transfería su método estilístico a un tema de uno o dos siglos atrás. En ellas había más intención de verosimilitud y menos encadenación episódica. En las novelas del virreinato, surgió el tema de la Inquisición con escena en México o Perú. El asunto se prestaba para desahogar opiniones políticas y religiosas de extremo radicalismo romántico. Resultaron obras folletinescas de poco gusto y peor estilo. Excepción a la regla es la novela de Justo Sierra, padre, *La hija del judío*. De los engendros de novelas folletinescas de temas históricos o sociales, queda hoy como curiosidad bibliográfica la memoria de algunos títulos: *Los misterios de Buenos Aires, Los misterios de Santiago, . . . de Sucre, . . . de la Habana*.

Algunos maestros y escritores le dieron a la novela histórica una importancia cívica y cultural. Bartolomé Mitre y Vicente Fidel López (ambos citando como ejemplo a James Fenimore Cooper) consagraron en prólogos un ensayo dogmático sobre la utilidad de la novela histórica para enseñar a los pueblos su pasado y despertar el orgullo nacional. Eco repetido por Altamirano dos décadas más tarde en su estética utilitaria. Dentro de un período moderno para los novelistas románticos, se escribieron algunas novelas sobre las guerras civiles. En México a veces el episodio histórico era tan reciente que apenas transcurría un año entre el hecho y la publicación de las enormes novelas.

De las novelas históricas hispanoamericanas, dos merecen recordarse, el *Enriquillo,* de Manuel de Jesús Galván, y la *Amalia,* de José Mármol. Representan dos estilos de novela histórica derivados básicamente del mismo método. La primera ejemplifica la técnica de reconstrucción histórica del pasado con verdadera y minuciosa documentación, tal como la había iniciado el maestro Sir Walter Scott. Muchos novelistas americanos tuvieron el empeño del investigador y algunos hasta documentaron sus novelas con notas al pie de la página, como Vicente Fidel López en *La novia del hereje,* pero pronto se dejaron arrastrar por el desencadenamiento de sus extraordinarios episodios y la obra perdía mucho o todo de su verosimilitud. En *Amalia,* el autor ensayó el método ingenioso de escribir el presente como pasado para crear un ambiente histórico con todos los pormenores de un ambiente vivido. Es precisamente esa cualidad vital y personal de la obra la que capta el interés del lector, pese a la maquinación bastante episódica de su desarrollo, al estilo de Dumas.

También es una buena novela histórica *Juan de la Rosa,* de Nataniel Aguirre, pero como el relato se desarrolla por medio del niño héroe y ocupa, en realidad, el interés de la novela, se puede considerar la obra como novela biográfica, género raro en la novelística romántica. La pequeña obra de Carlos R. Tobar, *Timoleón Coloma,* es la única de estilo autobiográfico. La novela biográfica en el romanticismo quedaba representada por los diarios sentimentales. *La peregrinación de Bayoán,* de Eugenio María de Hostos, es el ejemplo por excelencia. En rara ocasión resultaba una obra biográfica novelada, cosa más propia de prosa contemporánea, y entonces era obra política, como el *Facundo,* de Sarmiento.

La novela de tesis no es muy corriente en la novelística romántica hispanoamericana. En México la novela amatoria y la novela de intriga, más que en otro país, mostraron una preocupación social, pero apenas son recordados los ejemplos por la pobre confección de las obras en sí. Las ideas de progreso social eran importadas de las novelas francesas y salvo por una base común de humanitarismo, mal se avenían las preocupaciones sociales europeas a la sociedad mexicana. El indio, como en toda obra romántica, quedaba fuera de consideración. El indio en las novelas románticas americanas fue una figura decorativa. Se exceptúa el *Enriquillo*, en la cual el protagonista adquiere proporciones de héroe de epopeya. Más simpatía suscitó el esclavo en la novela cubana. Las primeras novelas y novelitas sobre el esclavo fueron puramente de propaganda abolicionista. En *Francisco*, de Anselmo Suárez y Romero, se le idealizó como héroe romántico. Luego, al arraigarse la novela costumbrista, el negro, esclavo o libre, formó parte del cuadro social.

De todas las novelas románticas hispanoamericanas, la más original fue la novela costumbrista. Como género literario, el cuadro de costumbres fue especialmente favorecido en Hispanoamérica, a tal punto que llegó a ser una forma de expresión nacionalista. En la novela costumbrista, los cuadros guardan casi tanto interés como la trama. En ocasiones aun la desplazan, desintegrando la unidad de la obra, tal es el interés del novelista en representar los hechos de la vida cotidiana de su gente.

El costumbrismo fue el desarrollo natural del romanticismo hacia el realismo. Tan natural, que no se sintió en Hispanoamérica la novedad de la escuela realista como tal, y vino a ser en muchos casos el naturalismo el que trazara los límites del romanticismo. Así, el costumbrismo, despojándose un tanto del idealismo romántico y acentuando el detalle cotidiano, llegó a suplir en gran parte el realismo en Hispanomérica. Conservaba aún el sentimentalismo y la nota melodramática, pero donde el romanticismo describía con idealismo y emotivamente, el costumbrismo caracterizaba con el detalle discriminativo. Es más, en las novelas del costumbrista José Tomás Cuéllar, de época avanzada, sólo la ligera desproporción de la sátira impide que el estilo sea realista. En la novela colombiana, la transición casi imperceptible del costumbrismo romántico al regionalismo realista se hace patente al comparar una obra como

Manuela, de Eugenio Díaz Castro, con una obra como *Tránsito,* de Luis Segundo de Silvestre. En Venezuela, por ejemplo, entre *Zárate,* de Eduardo Blanco, y la primera novela de tendencia naturalista sólo van dos años. El costumbrismo romántico, sea dicho de paso, tuvo casos de naturalismo. Provenía esto del gusto por lo pintoresco y llegaba al detalle sensual mórbido. Ejemplo de ello es el tema de la célebre "velada del angelito," que aparece en prosa o en verso criollo en el costumbrismo de tan diversas regiones como Cuba, Colombia, Chile y Costa Rica.

Una influencia extranjera vino a confluir con el costumbrismo en Hispanoamérica: la tendencia realista de Balzac. Tuvo representación sobresaliente y verdaderamente única en Chile. Alberto Blest Gana profesó haber decidido ser novelista después de conocer a Balzac. Posiblemente se sintiese atraído por las mismas cualidades avanzadas de estilo que proyectaban al maestro fuera del período romántico a que cronológicamente pertenecía. El estilo detallista y cotidiano de Balzac compaginaba con la tendencia costumbrista heredada de España. Tal vez se explique así el hecho de que las novelas de Blest Gana no resaltasen tanto por aquel tiempo a pesar de haberse adelantado el novelista como figura única en Hispanoamérica en el género realista. En 1860, cuando fue premiada su primera novela, el jurado la celebró por el gran número de cuadros de costumbres comparables a los de Larra y *Jotabeche.*

Otro producto genuinamente americano formado en época romántica fue la novela gauchesca. La primera aparición del gaucho en la novela fue de patriota y rebelde romántico en *Caramurú,* de Alejandro Magariños Cervantes. Como figura rebelde de la sociedad, pertenece al grupo de bandidos y piratas que animó el cuadro romántico en Hispanoamérica. En Venezuela, Zárate representa el tipo de montuno rebelde que en la vida real constituyó un problema para las autoridades durante el período de reconstrucción nacional. Su paralelo se encuentra en el Zarco, en México.

Los héroes románticos no siempre tuvieron tan marcado individualismo. Por lo general eran, adoptando el vocabulario romántico, idealistas, de nobles sentimientos y corazón sensible. El héroe hispanoamericano nunca perdía el deseo de vivir y luchar. Si moría era en la guerra. No hubo Werther hispanoamericano. La excepción resultaba el rebelde, la supuesta víctima de la sociedad. Entre los extremos de personalidad no había gradación. Las heroínas eran por lo general "luz y espíritu," como Marién. De constitución frágil, languidecían en la adolescencia. Excepción entre ellas fue Cumandá, a quien sus hermanos de la selva no la superaban en el manejo de la canoa, ni en la natación.

Con la influencia del costumbrismo, los personajes de las novelas románticas se despojaron de su remoto idealismo y empezaron a ser caracterizados como tipos. Apareció el diálogo con más frecuencia y fue medio de caracterización realista. La heroína de la novela costumbrista es la muchacha corriente. Cecilia Valdés, en la novela de Cirilo Villaverde, es la niña vivaracha que corre las calles del barrio. También con el costumbrismo aparece el niño héroe. Con él hay más tendencia a caracterización si no es más que en presentar la transición a la adolescencia. Como parte de la caracterización costumbrista, entra el humor festivo en la novela romántica, bastante seria en su idealismo inicial. La humorada costumbrista baja al héroe de su pedestal para presentarlo con sus defectos, tal como es. Ahora hay que concretarse a llamar simplemente personajes o tipos a los héroes y heroínas qu pasan por *La linterna mágica*.

En resumen, de las variantes que presentó la novela romántica en Hispanoamérica, la novela costumbrista fue la más representativa. Al generalizarse por todos los países hispanoamericanos, se hace la expresión del individualismo nacionalista, y en fin, suple, con su manera detallista y cotidiana, al realismo en sí, hasta sentirse hacia 1880 la nueva corriente realista-naturalista europea.

IX

El realismo mágico en Hispanoamérica: una definición étnica

Appeared first in *Caribbean Studies*, Instituto de Estudios del Caribe, Universidad de Puerto Rico, Vol. XVI, Nos. 3 and 4 (October 1976-January 1977), pp. 109–124.

El realismo mágico
hispanoamericano: una definición
étnica

La pintura siente ahora —por decirlo así— la realidad del objeto y del espacio, no como una copia de la naturaleza, sino como una segunda creación.

Franz Roh

Una consideración fundamental en la creación artística literaria es el concepto de la realidad. Siempre tendrá el autor que adoptar una posición ante la realidad vital al crear su obra y esa realidad artística podrá ser, aun así, una realidad conceptual más que circunstancial. La historia en sí nos presenta una gama de creencias y resoluciones mediante las cuales el hombre ha intentado comprender o definir su realidad, y aunque esta preocupación parezca estar en principio al margen de las artes, forma, sin embargo, parte intrínseca de la creación artística si se considera que toda obra es la proyección total del hombre en un mundo ineludiblemente vital. Aun el juego artístico tiene su razón de ser.

Cada estilo tiene su ideología. Teniendo esto presente, el propósito de dar aquí una definición a un denominado realismo mágico en Hispanoamérica nace del deseo de precisar como realidad americana una terminología de transculturación y aun de transposición en las artes, pero más que todo, del deseo de señalar la duplicidad que habría entre el surrealismo y este denominado realismo mágico si no fuera por una nota fundamental de éste apenas considerada: el elemento de fe. La característica general de este realismo mágico hispanoamericano sería, a primera vista, lo admisible o lo posible de realidades conceptuales y circunstanciales en el encuentro de mundos vitales en Hispanoamérica.

Sin dársele suficiente importancia en un principio a la influencia que paulatinamente iba teniendo el surrealismo de Francia en las letras hispanoamericanas, se tomó prestado del arte vanguardista europeo el término *realismo mágico* del crítico alemán Franz Roh para describir en América una novedad estilística en obras en las que fantaseaba la imaginación. El inusitado término, aplicado en Hispanoamérica sin fórmula definida para la literatura, fue creciendo en popularidad así como se multiplicaban sus definiciones, sin que se insistiera en la afinidad que tenían las novedades estilísticas con un precedente literario de igual fecha, el surrealismo. La vaguedad del nuevo realismo mágico dio lugar a una extensa serie de artículos, partiendo de los críticos e historiadores que primero aplicaron el término a una novedad de vanguardia más allá del relegado modernismo. Para abreviar la cita de lugares comunes en la crítica literaria, bastaría nombrar el recuento personal que hace Enrique Anderson Imbert sobre la historia del fabuloso realismo mágico desde su aparición en el ensayo crítico de Franz Roh en Alemania en 1925, y a partir de 1927 en Hispanoamérica, cuando se comentaba el término en Buenos Aires, aplicado a la creación en prosa.[1] Al correr los años, cada crítico fue formulando su propia definición del término. Arturo Uslar Pietri en 1948 intenta definir el realismo mágico sea como una adivinación poética o una negación poética de la realidad.[2] Angel Flores en 1955 presenta una disertación en la que el término *realismo mágico* pudiera sustituirse cada vez por el de *surrealismo*, cuyos antecedentes y consecuencias en la literatura está en rigor describiendo, con algo de lo fantástico. En 1959 desvirtúa un segundo estudio de 1958 sobre el realismo mágico al centrar su atención en dos temas preponderantes en la prosa hispanoamericana, lo fantástico y lo psicológico.[3] En 1966, Luis Leal define el realismo mágico en forma múltiple, primero por lo que evita, lo sobrenatural y el análisis psicológico; luego por su fin, el de captar y desentrañar el misterio que se oculta tras la realidad; y por último, incluye la citada definición de Uslar Pietri y la conocida definición de *lo real maravilloso* de Alejo Carpentier, como lo sintiera éste al considerar la naturaleza y la historia del Nuevo Mundo.[4]

Enrique Anderson Imbert, rememorando sus impresiones de joven autor, se atiene en principio al término expletivo que el crítico alemán Franz Roh aplicara al arte vanguardista en 1925, el de ver la realidad con ojos maravillados. Le concede al realismo mágico en prosa el elemento de posibilidad dentro de las leyes físiconaturales, y lo distingue de un realismo fantástico, inexplicable dentro de dichas leyes. En 1956, al aludir a los cuentos de Uslar Pietri, los califica con el término de realismo mágico en el sentido original usado en el arte pictórico, los objetos aparecen envueltos en una atmósfera tan extraña que sorprenden como si fueran fantásticos. Anderson Imbert asocia lo extraño como nota característica de tal realismo mágico. Se aproxima a una definición del término al considerar la realidad presentada intemporalmente y sin explicaciones racionales por parte del autor, como realidad sorprendente. No obstante, al precisar que la táctica de un autor de realismo mágico en un caso típico sería la de deformar la realidad en el magín de personajes neuróticos, nos remite en rigor a los mundos psíquicos del surrealismo. La duplicidad anularía toda independencia del término. Por último, Anderson Imbert arguye ingeniosamente sobre la falacia de *lo real maravilloso* que ofrece Carpentier como esencia del Nuevo Mundo, concluyendo que, en todo caso, lo mágico o lo maravilloso no está en la realidad, sino en el arte de fingir. Con esta aseveración concluye Anderson Imbert sus comentarios sobre el supuesto realismo má-gico, así como el recuento de artículos hasta el presente.[5]

Alejo Carpentier, no obstante, señala un elemento de divergen-cia ante el surrealismo en lo que llama *lo real maravilloso*, designado en su obra *El reino de este mundo* por la fe de una realidad étnica. En una doble realidad conceptual y circunstancial, se habla de la magia del mandingo Mackandal, dotado de poderes de metamor-fosis sólo por la fe de sus compatriotas, los negros haitianos. En el fervor de segregarse de los surrealistas, Alejo Carpentier, en su célebre prólogo a *El reino de este mundo,* fuerza conclusiones sobre la fe y lo maravilloso. Considera que, en principio, lo maravilloso presupone un elemento de fe por parte del autor o por parte del público. Luego añade que toda la historia de América no es sino una crónica de lo real maravilloso. Tomadas en seco, estas dos aseveraciones no tienen argumentación sólida. Sostenidas por el entusiasmo de una apreciación estética del autor, señalan un intento de diferenciación estilística y adquieren gran valor. Se interpone por primera vez la declaración de un elemento de fe en la realidad artística. Coincide esta apreciación con una situación análoga en la obra de Miguel Angel Asturias, *Hombres de maíz.* Si se considera que la intención primitiva de Miguel Angel Asturias fue la de crear una realidad indígena fuertemente ligada a mitos ancestrales, llegamos igualmente, en parecida deliberación artística, a un realismo múltiple, en el cual hay cabida para una posible realidad maravillosa basada en conceptos de fe o creencias étnicas.

El examen de analogías y divergencias entre lo que hace unos cuarenta años se viene llamando *realismo mágico* y el surrealismo y lo fantástico en la literatura hispanoamericana no ha llegado a eliminar aquél término. Se mantiene caprichosamente. Resulta más llamativo. Y así el discutido realismo mágico ha llegado a ser popular entre críticos e historiadores antes de formularse sobre él una definición común y sin clara distinción del surrealismo francés o aun de la noción tradicional de lo fantástico. Ni el congreso del Instituto Internacional de Literatura Iberoamericana de 1973, cuyo tema fue "La fantasía y el realismo mágico en la literatura iberoamericana," llegó a concordar una definición. El realismo mágico en las letras, para llegar a categorizarse, tendría que segregarse de sus más próximas modalidades, el surrealismo y la multiplicidad "fantástica" en la literatura. La literatura fantástica cae bajo una de dos libertades artísticas en su elaboración, la de violar las leyes físicas o la de eludir una justificación racional de lo increíble. El surrealismo da lugar a la evolución de mundos posibles fuera de la realidad circunstancial, pero su motivación es muy distinta.

El maestro André Breton define el surrealismo por primera vez en 1924 y lo explica en varios manifiestos. En el *Primer manifiesto* — reconociendo a Freud— Breton define el surrealismo como auto-

matismo psíquico puro mediante el cual se propone uno expresar,
sea verbalmente, sea por escrito, o de cualquier otra forma, el
funcionamiento real del pensamiento, en ausencia de todo control
ejercido por la razón, fuera de toda preocupación estética o
moral. Desde un punto de vista filosófico, el surrealismo se basa
en la creencia de la realidad superior de ciertas formas de asociación
no consideradas hasta entonces, en la importancia onírica y en el
juego desinteresado del pensamiento. El surrealismo se presenta
como el proceso psíquico aplicable a la resolución de los problemas
principales de la vida.[6] En el *Segundo manifiesto* de 1930, Breton
indica (en relación a la inspiración) que el surrealismo no aspira
sino a crear ese momento ideal en que el hombre, en lucha con
una emoción particular, sea sobrecogido por una fuerza mayor que
él que lo lance a lo inmortal. Este es el paso de actividad psíquica.
Los productos de esta actividad psíquica quedarán así libres en
el mayor grado posible de la voluntad de significar, de la idea de
responsabilidad que pueda inhibirlos, de todo lo que no sea "la
vida pasiva de la inteligencia." Estos productos son la escritura
automática y la transcripción de los sueños. Ocasionarán de por
sí un estilo nuevo de gran valor, provocarán una reclasificación
de valores líricos y revelarán asimismo la clave del hombre. Un
día, añade el maestro, se hará uso de esa clave, con esas pruebas
palpables de una existencia otra que la que creemos estar viviendo,
y nos asombraremos de que habiendo tenido la verdad tan pró-
xima, hayamos por la mayor parte encontrado pretextos de evasión, literarios o de otra índole, antes que lanzarnos al agua sin
saber nadar o al fuego sin creer en el fénix, con tal de llegar a esa
verdad.[7] El maestro insiste en el valor de las dos operaciones, el
automatismo en el acto de creación artística y el recuento onírico
como paso de realidades posibles. El procedimiento psíquico lle-
vará al hombre a mundos esotéricos, de maravillas interiores.
Estos métodos, nota Breton, no sólo son eficaces en la creación
artística sino para esclarecer una parte apenas revelada de nuestro
ser, donde toda belleza, todo amor, toda virtud, que apenas
discernimos en nosotros mismos, resplandece intensamente. Breton
da a entender que existe otro método de "decepción pura," cuya
aplicación al arte y a la vida sería la de fijar la atención ya no en
lo real o en lo imaginario, sino en "el revés de lo real." Podríamos
entonces concebir novelas que no pueden concluirse, como hay

problemas sin solución; personajes totalmente descritos por la concentración de particularidades mínimas, que actúen con previsión en casos imprevisibles; situaciones en que se suspenda la acción por una fracción de un segundo para sorprender allí los motivos de la acción; momentos en que la verosimilitud descriptiva dejara de velarnos la vida simbólica y rara que poseen los objetos familiares sólo en calidad onírica; escenas en que la descripción quedara hecha en términos cualitativos no asociados al tema, etc. El que quisiera descartar el realismo inoportuno, concluye el maestro, pudiera multiplicar todas estas proposiciones.[8]

La potencia creadora del surrealismo parecía abarcar en sus procedimientos psíquicos y en el uso de ciertas formas de asociación sorprendente, toda razón vital y artística. El surrealismo era Breton, quien dominaba y aun juzgaba a los suyos. En un principio, el movimiento surrealista había mostrado una aproximación al marxismo revolucionario, aunque se desliga definitivamente del comunismo en 1935. André Breton simpatiza con disidentes como Trotsky, y en su visita a México, en 1938, funda con Diego Rivera y Trotsky, La Federación Internacional del Arte Revolucionario Independiente. En 1942, para afianzar las bases de un surrealismo que pretendía absorber toda forma de consideración humana, la estética surrealista parece legalizarse en ética. En el *Tercer manifiesto*, Breton afirma que no sólo tendrá que cesar la explotación del hombre por el hombre, sino que tendrá que cesar la explotación del hombre por el pretendido "Dios," de absurda y exasperante memoria. Habrá revisión inmediata de los valores del hombre y de la mujer en la sociedad. El hombre será hombre sin más tradicionalismo y sensiblerías. Basta ya de flores sobre las tumbas, basta ya de tanta instrucción cívica entre clases de gimnasia, de tanta tolerancia, de tanta hipocrecía.[9] La religión cristiana quedó nuevamente repudiada, así como el tradicionalismo.

Por otra parte, surgió incidentalmente un nuevo gusto por el orientalismo, no por la idea de una nueva fe, sino por la atracción de una nueva filosofía, que se ofrecía como una nueva manera de mirar al mundo. Todo ello se avenía a la modalidad del arte como otra exploración de mundos nuevos.

Si la estética surrealista se asimilaba en diversas proporciones en obras hispanoamericanas en las que se proyectaban realidades oníricas o mundos esotéricos, no siempre así la parte reglamentaria en cuanto hubiera negación de todo elemento de fe y tradición. Es aquí donde se bifurca el surrealismo, el imitado en la posible continuidad europea y una divergente tendencia americanista que no rechaza tradiciones y que por su experimentación al margen de la realidad estrictamente circunstancial o costumbrista, constituye un estilo aparte al cual podríamos denominar ahora *realismo mágico hispanoamericano*. La denominación ya es conocida. Sólo se precisa su definición americana en las letras. En retrospección, lo que con tanta vaguedad se ha ido llamando realismo mágico en la literatura hispanoamericana es en su mayor parte duplicidad surrealista o proviene de la conocida literatura fantástica, que por asociación de estilos ha vuelto a adquirir en el siglo XX gran popularidad en términos expresionistas, seudosurrealistas, científicos, o aun filosóficos.

En la consideración de este paso del surrealismo al realismo mágico hispanoamericano, no se niega, por omisión, la influencia individual de un autor como Kafka (que muere el año en que Breton primero define el surrealismo), o la influencia ambiental de Sartre y Camus, o la influencia formal de Joyce, o la de un temperamento como el de Faulkner. Esquivando en lo posible una actitud simplista a favor de una precisión de fuentes, hemos seguido el cauce primitivo de lo que fue en Francia un surrealismo inicial, en lo practicado, y de allí, a una divergencia hispanoamericana para denominarla ya *realismo mágico*. Pudiéramos llamar ahora *realismo mágico hispanoamericano* a la unión o convivencia de realidades conceptuales y circunstanciales en un mundo en el que no se niega la posibilidad de realidades basadas en la fe, tal como en la realidad de mundos étnicos. En este sentido habrá una justificación para una nueva terminología, con un concepto esencialmente diferente del original surrealismo europeo. En cierto aspecto, el nuevo término se aviene con el original del arte en la visión del mundo, en este caso, del Nuevo Mundo, sorprendente en sí y aun en proceso de descubrimiento. También el realismo mágico literario puede tener esa manera de ver la realidad, en el decir de Franz Roh, "como una segunda creación."

En el realismo mágico hispanoamericano, la convivencia de realidades conceptuales y circunstanciales forzará luchas internas, creando así un doble juego de acepción, pero la verosimilitud quedará equiparada con la esencia étnica, o aun en el concepto del ente creado, sin tergiversarse por ello todos los valores a una generalización arbitraria o a un nihilismo sistemático que desacredite la realidad cotidiana. Es el artista quien inicia la ficción de lo posible, pero no será él el que rija sobre la ética del público. El elemento de maravilla en el realismo mágico se presenta como posible. Para unos lo será más que para otros. Habrá que notar que para muchos quedaría aparte una literatura milagrosa respecto al realismo mágico, por excluir el elemento de lo posible, dado a la fe en lo absoluto. Sería la literatura de inspiración cristiana.

Habrá que hacer aquí un aparte de aclaración y comparación entre la realidad artística y sus variantes, considerando un elemento de fe, y la realidad positiva, considerando aun la realidad absoluta, si quedara desconocida salvo por la revelación, y es que en el arte se habla esencialmente de creación, no de datos absolutos. André Breton trata de unir concepto, realidad vital y estética sin éxito. Habla de los procesos que revelarán la clave del hombre. Usa el futuro como única afirmación. No por eso deja de formular, con su estética freudiana, un arte curioso de gran repercusión. Por otra parte, creencia, filosofía o ciencia no constituye arte. Así como en el naturalismo no era la hoja clínica, pese al manifiesto de Emile Zola, sino el arte de Zola mismo el que le diera vida al denominado estilo, en este realismo mágico no hay más validez que la del arte, aunque se base en un elemento de fe. Ahora bien, ese elemento de fe es el que desliga al realismo mágico del surrealismo y le da significación en la cronología estilística hispanoamericana.

Para explicar por medio de ejemplos lo que ahora se ha definido como realismo mágico en la prosa hispanoamericana, nos referimos a dos obras fundamentales ya citadas: *Hombres de maíz*, de Miguel Angel Asturias, y *El reino de este mundo,* de Alejo Carpentier. André Breton creía desde un principio en la futura solución de dos estados tan contradictorios en apariencia como lo son el sueño y la realidad, en una especie de realidad absoluta, de *surrealidad*.[10] Miguel Angel Asturias, hablando retrospectivamente de sus obras, comenta: "El surrealismo de mis libros corresponde un poco a la mentalidad indígena, mágica y primitiva, a la mentalidad de esta gente que está siempre entre lo real y lo soñado, entre lo real y lo imaginado, entre lo real y lo que se inventa. Y creo que es esto lo que forma el eje principal de mi pretendido surrealismo."[11] Es, en efecto, un pretendido surrealismo en el sentido estricto de la expresión porque su arte se basa de hecho en la fe indígena; es un arte elaborado sobre creencias y mitos indígenas. Asturias está recreando lo que ya existe en la fe de los indígenas, de los quichés. Carpentier, por su parte, afirma que "lo maravilloso comienza a serlo de manera inequívoca cuando surge de una inesperada alteración de la realidad (el milagro), de una revelación privilegiada de la realidad, de una iluminación inhabitual o singularmente favorecedora de las inadvertidas riquezas de la realidad, de una ampliación de las escalas y categorías de la realidad, percibidas con particular intensidad en virtud de una exaltación del espíritu que lo conduce a un modo de *estado límite*."[12] Carpentier considera que la sensación de lo maravilloso presupone una fe, aunque para él la fe cristiana, la sugestión de las leyendas populares y la fe o convicción artística es toda una. Sin embargo, acierta al comentar sobre el surrealismo amanerado de décadas posteriores y prosigue en su razonamiento: "De ahí que lo maravilloso invocado en el descreimiento—como lo hicieron los surrealistas durante tantos años—nunca fue sino una artimaña literaria, tan aburrida, al prolongarse, como cierta literatura onírica *arreglada*, ciertos elogios de la locura, de los que estamos muy de vuelta."[13] Las aseveraciones de ambos novelistas podrían considerarse a favor de algo más que un surrealismo inicial, aunque no fuera mencionado el término de realismo mágico por ninguno de los dos autores al concebir las novelas citadas con anterioridad. No obstante, la esencia de ambas está basada precisamente en realidades étnicas: lo mágico o maravilloso basado en la fe de creencias establecidas. Así podría aplicárseles el concepto de realismo mágico, segregado de su fuente vanguardista europea y típico de una nueva interpretación americana. No se trata ya de mundos interiores puramente psíquicos, ni de arbitrariedades oníricas o fantásticas creadas a voluntad del autor.

Las dos novelas citadas aparecen en 1949. Miguel Angel Asturias presenta en *Hombres de maíz* una dimensión de lo maravilloso en su propio mundo guatemalteco a través de una realidad socioeconómica basada en antiguas tradiciones maya-quichés. Es una realidad étnica de su tierra, sentida en su juventud y rigurosamente estudiada más tarde lejos de su patria. Alejo Carpentier, habiendo palpado la realidad del Caribe, tras años de ausencia, capta lo maravilloso de otra realidad étnica a través de la historia de Haití en *El reino de este mundo*. Estas dos obras adquieren validez artística dentro de un realismo mágico al sublimar lo maravilloso de las realidades étnicas. En ellas lo aparentemente increíble se desarrolla según una lógica cósmica basada en antiguas creencias. No se excluyen otros criterios de la realidad. Al contrario, pudiera decirse que la clave del realismo mágico hispanoamericano es la validez de mundos interiores de fe que afloran a la realidad cotidiana y conviven con otras dispuestas realidades. Estos mundo interiores deben de tener existencia segura para algunos puesto que presumen un elemento de fe. La validez de estas realidades en un mundo de ficción depende de la convicción artística del autor, pero ese mundo tendrá un orden interior. En el surrealismo, el brote del subconsciente y la expresión de mundos oníricos tienen un orden significativo para el que les da cuerpo y realidad artística, pero no necesariamente para el que desconozca las fuentes íntimas o no acierte a deducir el paso psíquico (las amarras se tienden a la otra costa, pero no son siempre seguras). Luego, si el procedimiento surrealista se utiliza como juego retórico, como ocurre posteriormente, no hay leyes para ese mundo. El arte es sólo juego al azar; el resultado, la confabulación de mundos arbitrarios e inevitablemente caóticos.

Las dos novelas de Asturias y Carpentier tienen una semejanza más en el estilo, la de una prosa poética, como dejo de un modernismo pasado. *Hombres de maíz* es un relato artístico, extenso y complejo. *El reino de este mundo* es un relato corto, una joyita artística. El interés de una prosa poética tiene a su vez una función esencial en las obras: cristaliza la posibilidad de lo maravilloso en la naturaleza y nos lleva a la expectativa de lo extraordinario. Entramos de buen grado en un mundo de realidades étnicas. Este mundo no queda desligado de otras dispuestas realidades en las obras. En *Hombres de maíz*, se afirman las creencias de los mitos maya-quichés en la vida social de las comunidades; pero si los mitos dominan la realidad cotidiana, también es una realidad juzgada por otras entidades. En *El reino de este mundo,* la cultura del imperio colonial francés y los mitos de herencia africana ejercen recíproca influencia en el destino de Haití.

El reino de este mundo se basa en una serie de hechos extraordinarios tomados del período de independencia de Haití a principios del siglo XIX, a los que relaciona el autor la vida de un esclavo, Ti Noel, quien logra su propia independencia sólo para caer víctima de los suyos en las guerras fratricidas de la nueva nación. En la novela hay un propósito estilístico de esfumar la realidad histórica y presentar más bien una selección de cuadros impresionistas de la época, reproducidos con esmerado esteticismo, creando así cierto aire de extemporaneidad. En este ambiente gravita perdido Ti Noel. Sin embargo, su figura tiene gran intensidad dramática, mientras que los personajes históricos de la novela sólo tienen relieve en la sucesión de cuadros impresionistas.

La clave del realismo mágico la lleva Ti Noel. Su vida es la de comprender y sobrellevar la realidad social económica de otra gente a quien sirve, la realidad de su propia gente, y lo que le resulta igualmente difícil, la realidad de los suyos como emergentes de una política y un nuevo imperio.

Veamos este juego de realidades posibles en las que participa Ti Noel. Siendo aún esclavo de Monsieur Lenormand de Mezy, Ti Noel contribuye a la leyenda de los poderes sobrenaturales de Mackandal, el líder de la región. Sabemos que este esclavo mandinga, manco e incapacitado para el trabajo, se ha vuelto cimarrón. Causa grandes estragos en las haciendas. Los suyos explican la destreza de sus frecuentes evasiones a su poder de metamorfosis. No obstante, es aprehendido y condenado a morir en la hoguera. Los esclavos van a la plaza convencidos de que logrará salvarse. Efectivamente, algo milagroso pasa. Mackandal, al prenderse la leña, se zafa e intenta fugarse. En la confusión lo atrapan de nuevo y sufre la condena, mientras que los esclavos salen de la plaza convencidos de que las llamas no esconden nada. "¡Mackandal salvado!" es el grito general. El público, que ha participado del espectáculo desde los balcones de la plaza, comenta con desdén la insensibilidad de los esclavos que ríen jubilosos.

La imagen de Mackandal simboliza para Ti Noel los lazos étnicos con el Africa, patria ancestral y espiritual, emotivamente elaborada por el líder mandinga en las pláticas con los suyos. Mackandal los aleccionaba sobre los poderes de los dioses de la Naturaleza y les hablaba de la tierra de más allá donde los reyes eran a su vez diestros cazadores, valientes guerreros y sacerdotes. El recuerdo de Mackandal será la inspiración de Ti Noel años más tarde. Siguiendo la lógica de su único tutor, trata de comprender y ajustarse a su misión en este mundo. Ti Noel en su mocedad había sido prudente y mañoso. Se había librado de su antiguo amo en Santiago de Cuba. A su regreso lo sorprenden en la revuelta de acontecimientos políticos y vuelve al trabajo forzado bajo el nuevo rey de su gente, Henri Christophe. Derrocado éste en una rebelión general, Ti Noel se escapa y vuelve al hogar de su antiguo amo, ahora en ruinas, pues allí está su terruño. Todavía tendrá que enfrentarse a la realidad de los Mulatos Republicanos del Sur, el nuevo poder invasor. Por suerte, Ti Noel ya es viejo. Lo dejan en paz por inútil. Aquí hace Carpentier una de las más delicadas caracterizaciones de la psicología de la vejez en el caso de Ti Noel. La descripción podría citarse también como ejemplo certero de la técnica de un realismo mágico.

Ti Noel se ha vuelto un tanto infantil, aunque siempre valiéndose de sí mismo y tratando de ir a la par de los hechos. Ti Noel ha creado su propio mundo. En el saqueo del palacio de Sans Souci, había logrado llevarse del vestuario del rey Henri Christophe una casaca de seda verde con puños de encaje color salmón. Completaba su traje un sombrero de paja que moldeaba a manera de bicornio con una flor punzó de insignia. Le gustaba saborear su caña de azúcar sentado en los tres tomos de su enciclopedia, adquiridos también en el saqueo. Propio de su edad, Ti Noel se había vuelto conversador. Fue por aquel tiempo que le volvió a la mente la figura de Mackandal y sintió el deseo de cumplir una misión en la vida, aunque no sabía todavía cuál sería. Un día se sintió poseído por el rey de Angola y comenzó a reinar, sentado en su butaca de Sans Souci, dictando leyes a los cuatro vientos y llevando un gobierno de paz, puesto que ni la tiranía de los blancos ni la de los negros molestaba ya su libertad. Creó una serie de títulos nobiliarios para los vecinos que venían a danzar a su palacio, sobre el piso aún intacto de la antigua casa en ruinas. Ti Noel preside sobre su corte entre los dignatarios de su iglesia y del poder militar, sus buenos vecinos. Un día Ti Noel ve a su gente caer bajo el yugo de los Republicanos del Sur. Temiendo por su vida y recordando a Mackandal, Ti Noel decide dejar a un lado su indumentaria y transformarse en animal, lo cual descubre ser muy sencillo, una vez que se concentra en ello. Se trepa a un árbol para ser pájaro y lo es. Corre por los campos hecho caballo. Sin embargo, falla en su intento de unirse a los gansos, los antiguos gansos de Sans-Souci. Lo comprende, es un advenedizo, y quizás el desdén que le muestran provenga de su propia cobardía. Mackandal utilizaba la metamorfosis no para escaparse de la realidad, sino para servir a su gente. Mas Ti Noel se resiente ya de los años; siente el cansancio ancestral de su gente. En un momento de lucidez recorre los hechos de su vida, la de su gente; concluye que el hombre nunca sabe para quién padece y espera.

Antes de terminarse el relato, Alejo Carpentier participa del realismo mágico que ha creado en diversos planos de realides en la caracterización de Ti Noel, al sumirse en su pensamiento. Así prolonga el raciocinio filosófico que no podría llevar a cabo Ti Noel. Según Carpentier, el hombre padece y espera y trabaja sin lograr una ansiada felicidad situada más allá de la que le es otorgada, aunque siente que la grandeza del hombre está precisamente en querer mejorar lo que es, "en imponerse Tareas." Concluye diciendo: "En el Reino de los Cielos no hay grandeza que conquistar, puesto que allá todo es jerarquía establecida, incógnita despejada, existir sin término, imposibilidad de sacrificio, reposo y deleite. Por ello, agobiado de penas y de Tareas, hermoso dentro de su miseria, capaz de amar en medio de las plagas, el hombre sólo puede hallar su grandeza, su máxima medida, en el Reino de este Mundo."[14] Con este raciocinio, agonístico y existencialista a la vez, Alejo Carpentier ha colocado su propio mundo conceptual en el mundo de Ti Noel. Así el realismo mágico resulta ser igualmente la multiplicidad de realidades posibles y de convicciones humanas vistas en un mundo de creación artística que aceptamos en momentos de fruición estética y aun de deliberación filosófica.

El realismo mágico en *Hombres de maíz* se enaltece en la elaboración artística de su prosa. Es indudable que el barroquismo poético que emplea Miguel Angel Asturias para describir una naturaleza animista mantiene al lector a la expectativa de lo maravilloso, de modo que la transición a lugares y tiempos míticos parece natural. En la trama, de compleja estructura, la convivencia de realidades conceptuales y positivas se explica por la manera que tiene de ver la realidad cada componente social. La realidad queda refractada en varias versiones según los grupos étnicos que consideran la situación del momento, aunque esencialmente domina la visión indígena. En esta novela también se esfuman un tanto los hechos por el vaivén del tiempo en el pensar de la gente del campo, siempre elaborando el presente en las leyendas del pasado. Luego, su hablar, estilizado y simbólico, acentúa el aspecto poético así que borra la precisión realista.

El título de la novela, *Hombres de maíz*, contiene el concepto quiché de la creación del hombre, hecho del "maíz divino." Esta creencia espiritual y étnica se actualiza en la obra por una preocupación a la vez cívica y económica. Da lugar a una encarnizada guerrilla entre cuadrilleros, indios y mestizos de fuertes convicciones éticas, y los de la *montada,* los militares de la guardia rural. La guardia respalda a los maiceros, decididos a continuar con las quemas y la siembra ilimitada del maíz. El jefe de los cuadrilleros es el cacique Gaspar Ilom, figura épica. La realidad legendaria y práctica es toda una. La siembra excesiva del maíz, al juzgar de Gaspar Ilom, empobrece la tierra. El maíz es el sustento sagrado del hombre, creado del maíz divino. Sembrar maíz por razones puramente lucrativas es blasfemia. Económicamente, el abuso de la siembra es contraproducente. Para sembrarlo hay que iniciar la quema de los campos, lo cual irá destruyendo, aun en la memoria del hombre, una tierra tan rica en caña de azúcar, plátanos, cacao, café y trigo. Es un conflicto económico y religioso que los maiceros no quieren aceptar ni considerar.

A la par de esta realidad existe el tema étnico del *nahual* o espíritu protector, que se puede equiparar al espíritu cristiano del Angel de la Guarda. Es un tema de creencia religiosa que implica transmutación y dualidad (si no un dualismo de alma y cuerpo, una dualidad de hombre y espíritu). Era la creencia de los quichés, y quizás lo sea aún, que todo hombre tenía un espíritu en forma de animal, y tales lazos existían entre ambos, que al morir uno el otro pasaba al mundo de los espíritus. El guerrero indio olía al animal que lo protegía y por eso debía refrescarse con una esencia aromática o *pachulí*, para despistar al enemigo. Así como el hombre no tenía poder sin su nahual, su destino quedaba ligado a él. Este concepto maravilloso se ejemplifica en la historia de los quichés en la imagen del *kukul* o quetzal (hoy día, emblema nacional de Guatemala). El quetzal, ave de vistoso plumaje, invocado en los textos indios como el superlativo de bello, sólo puede vivir libre; en captividad muere. Por estos atributos llegó a ser el espíritu protector o nahual de los jefes a quienes inspiraba en la guerra. Cuando el cacique lucía su vestuario de plumas, el simbolismo era realidad palpable.[15]

En la novela, los conejos amarillos de orejas de tuza protegen a Gaspar Ilom. El cacique será envenenado, no obstante, por uno de los suyos. Anticipamos el mal en la transmutación de la naturaleza: "Gran amarilla se puso la tarde. El cerro de los sordos cortaba los nubarrones que pronto quemaría la tempestad como si fuera polvo de olote. Llanto de espina en los cactus. Pericas gemidoras en los barrancos. ¡Ay, si la flor del chilindrón, color de estrella en el día, no borra con su perfume el olor del Gaspar, la huella de sus dientes en las frutas, la huella de sus pies en los caminos, sólo conocida de los conejos amarillos!"[16] Gaspar Ilom va al río a beber, desesperado por el veneno, y se salva: "Vivo, alto, la cara de barro limón, el pelo de nige lustroso, los dientes de coco granudos, blancos, la camisa y el calzón pegados al cuerpo, destilando mazorcas líquidas de lluvia lodosa, algas y hojas, apareció con el alba el Gaspar Ilom, superior a la muerte, superior al veneno, pero sus hombres habían sido sorprendidos y aniquilados por la montada."[17] El cacique, al verse perdido, se arroja al río. Según las circunstancias, Gaspar Ilom murió envenenado; según la realidad étnica, muere de su propia voluntad, trágicamente.

Aunque lo maravilloso en *Hombres de maíz* se acoge a una prosa poética y simbólica, hay cambios abruptos en el estilo cuando aparecen en escena los militares de la guardia rural. La prosa descriptiva es realista y el diálogo es crudo y mordaz. No obstante, *Hombres de maíz* es en conjunto una obra de estilo preciosista, con marcado simbolismo, propio del tema, en la que se vislumbra a veces cierta coincidencia de temas literarios y mitos clásicos en el ambiente dominante de la mitología maya-quiché.[18] La cosmografía étnica de los quichés rige implacablemente. Aun los demás protagonistas en el pueblo no pueden sustraerse totalmente de los mitos. El párroco, al comentar las causas de inestabilidad en los matrimonios, admite que "ninguna alcanza la gravedad de las esposas que, víctimas de una locura ambulatoria producida por esos polvos con andar de araña, abandonan sus casas, sin que se vuelva a saber de ellas," y añade, "esta mano que ustedes ven con la copa de rompopo, alterna el rosario con la pluma; rezo o escribo a mis superiores, para que el Señor y ellos nos socorran en la necesidad de que los hogares no se destruyan, de que las familias no se acaben, de que por los caminos no vayan hombres y mujeres ambulantes, derecho a embarrancarse, como si fueran terneros."[19] El mercante alemán, don Féderic, a cuya casa ha venido de visita el padre Valentín, no desacredita del todo el poder de las creencias étnicas: "Desaparecieron los dioses, pero quedaron las leyendas, y éstas, como aquéllos, exigen sacrificios."[20]

La realidad étnica en *Hombres de maíz* es avasalladora. El protagonista es la pluralidad indígena. La trama es compleja. Es una encadenación de relatos en varios planos de realidades concomitantes. Cada historia queda ensartada a otra de igual importancia. La novela termina en el mismo lugar de donde había partido la narración, abarcando así el ambiente pueblerino e indígena de una región de Guatemala. Para rematar la historia, en ese fluir simbólico de la vida del indio, Miguel Angel Asturias escoge a Goyo Yic, el ser más insignificante, que lleva consigo, no obstante, toda la esencia legendaria de su gente. En esta realidad étnica, cada ser tiene su lugar en la naturaleza. Goyo Yic y su mujer ambulante por fin se encuentran, y reúnen a todos los hijos y nietos, sintiendo que una familia numerosa es la felicidad más grande del mundo. En la escena final los vemos en el campo a la hora de la cosecha, tal como fuera por generaciones y siglos. Todos iban y venían y andaban como hormigas recogiendo afanados el maíz, la realidad económica y simbólica de su existencia.

Si se han tomado estas dos novelas, *El reino de este mundo* y *Hombres de maíz*, como ejemplos definitivos de un realismo mágico hispanoamericano es porque difieren del surrealismo inicial definido por Breton. Difieren asimismo de otras estructuraciones de vanguardia en las que se propone el artista remedar un ambiente existencialista, o volcar valores y crear realidades disyuntivas, haciendo de lo absurdo lo cotidiano. También difieren de las confecciones de un realismo fantástico, en el que se fuerzan las leyes de la naturaleza, sobre todo en las transposiciones del tiempo, por otra parte asociadas al surrealismo. En cambio, representan estas dos novelas la definición que se ha hecho de un realismo mágico hispanoamericano, que es la representación y convivencia de realidades conceptuales y circunstanciales en mundos étnicos, con un implícito elemento de fe.

La total independencia de las dos novelas citadas, *El reino de este mundo* y *Hombres de maíz*, hace resaltar aún más la semejanza estilística entre ambas como prototipos del realismo mágico hispanoamericano. Las dos se publicaron en 1949; las dos se asemejan en el estilo poético y sugestivo; ambas tratan de realidades étnicas, la quiché y la afrohaitiana, frente a la cultura cristianolatina en el Nuevo Mundo; ambas admiten la posibilidad de múltiples realidades conceptuales y circunstanciales; y más importante aún, estas realidades están estructuradas en mundos de tradiciones y creencias, por lo tanto, en mundos de un orden interno en que lo maravilloso no resulta arbitrariedad fantástica o indistinto juego surrealista. Desde la citada fecha de 1949, Alejo Carpentier y Miguel Angel Asturias han multiplicado sus obras, acrecentando su fama en el mundo literario, pero el término de realismo mágico en las letras, usado hasta hoy con más libertad que precisión, encuentra su distintiva expresión americana, según la definición expuesta aquí, en estas dos primeras obras maestras.

NOTAS

1. Enrique Anderson Imbert, "El *realismo mágico* en la ficción hispanoamericana," *Far-Western Forum*, No. 1 (1974), 175–86.

2. Arturo Uslar Pietri, *Letras y hombres de Venezuela* (México: Fondo de Cultura Económica, 1948), p. 162.

3. Angel Flores, "Magical Realism in Spanish American Fiction," *Hispania*, No. 38 (May 1955), 187–92; "El realismo mágico en la ficción hispanoamericana," trad. de Miguel Rodríguez Puga, *Et Cetera* (Guadalajara, México), 6, Nos. 23–25 (1957–58), 99–108; *Historia y antología del cuento y la novela en Hispanoamérica* (Nueva York: Las Américas, 1959), pp. 386–88.

4. Luis Leal, *Historia del cuento hispanoamericano* (México: Ediciones de Andrea, 1966), pp. 128–29.

5. Anderson Imbert, "El realismo mágico," pp. 175–86.

6. André Breton, *Manifestes du surréalisme* (Paris: Jean-Jacques Pauvert, 1962), p. 35.

7. Ibid., pp. 166–68.

8. Ibid., nota, pp. 167–68.

9. Ibid., p. 300.

10. Ibid., p. 24.

11. Adelaida Lorand de Olazagasti, "Mulata de tal," *Homenaje a Miguel Angel Asturias*, ed., Helmy F. Giacoman (Nueva York: Las Americas, 1971), p. 270.

12. Alejo Carpentier, *El reino de este mundo* (Caracas: Primer Festival del Libro Popular Venezolano, s.f.), p. 7.

13. Ibid., p. 8.

14. Ibid., p. 127.

15. Miguel Angel Asturias, *Obras completas* (Madrid: Aguilar, 1968), I, 1066–67.

16. Ibid., *Hombres de maíz*, p. 476.

17. Ibid., p. 484.

18. Cf. Richard Callan, *Miguel Angel Asturias* (New York: Twayne Publishers, Inc. 1970), pp. 53–84.

19. Asturias, *Obras completas*, I, 673.

20. Ibid., p. 674.

X

Arquetipos míticos y existenciales en *Taita Cristo*

Appeared first in *Explicación de Textos Literarios*, Vol. X, No. 1 (1981–82), pp. 15–21.

Arquetipos míticos y existenciales en *Taita Cristo* (de Eleodoro Vargas Vicuña)

La literatura andina tiende a representar al indio de una pieza, aunque los maestros de la narrativa indigenista, como Ciro Alegría y José María Arguedas, sin duda, describieron al indio con más comprensión que los iniciadores del indigenismo, partiendo de Enrique López Albújar. La preocupación indigenista era —y aún lo sigue siendo— la reivindicación de la raza indígena, en parte hispanizada, sólo que al señalarse el abatimiento de ella, se le niega aún toda personalidad. Se describe un tipo amargado. El indio no se exterioriza. Excepción a ello, la narrativa sobre niños, en la cual el autor, por la circunstancia del tema, es más afectivo, como en el caso de José María Arguedas. Por lo tanto, sorprende en *Taita Cristo*, cuento andino, el inusitado talento de Eleodoro Vargas Vicuña en captar la psicología del adulto en una perspectiva que trasciende aun la conciencia inmediata de cada individuo a quien da vida en su obra. En este cuento se opera inconscientemente en los distintos personajes una traslación espontánea de valores míticos quechuas y cristianos que rebasan el lugar y tiempo de la acción. Son valores que en principio forman parte de la educación oral y de las prácticas religiosas de un pueblo, pero que al ponérseles a prueba en la acción, se les suman otras expresiones del inconsciente de un substrato más profundo. En el momento culminante del drama, el móvil de la acción se realiza por representaciones de un inconsciente colectivo en el individuo.

Para comprender el primer paso en el análisis de *Taita Cristo*, nos referimos directamente a Carlos Gustavo Jung en su artículo "Los arquetipos del inconsciente colectivo," publicado primero en *Eranos-Jahrbuch*, en 1934, y luego en *Von den Wurzeln des Bewusstseins*, en Zurich, 1954. Según las palabras de Jung, "al principio, el concepto del inconsciente estaba limitado a designar el estado de materia reprimida u olvidada. Aun en Freud, quien designaba al inconsciente como agente promotor, por lo menos metafóricamente, no es el inconsciente sino el ámbito de materia olvidada o reprimida y debe su significado y función exclusivamente a ello. Por lo tanto, para Freud, el inconsciente era de naturaleza únicamente personal, aunque aceptaba sus representaciones arcaicas y mitológicas. . . . Más tarde, Freud perfiló estas ideas básicas, llamando a la psique instintiva *id* y lo que denomina *super-ego* denota el consciente colectivo, del cual el individuo queda en parte consciente y en parte inconsciente (porque está reprimido). . . . Sin duda," continúa Jung, "un estrato más o menos superficial del inconsciente es de índole personal. Yo lo llamo el *inconsciente personal*, pero este inconsciente personal descansa sobre un estrato aún más profundo, que no se deriva de experiencias personales y no es de adquisición personal, sino innato. A este substrato más profundo yo lo llamo," afirma Jung, "el *inconsciente colectivo*, y uso el término *colectivo* porque esta parte del inconsciente no es individual sino universal; en contraste a la psique personal, su contenido y manifestaciones son más o menos iguales en todo lugar y en todo individuo. Es, por lo tanto, idéntico en todas las personas y constituye un substrato psíquico común de orden suprapersonal presente en cada uno de nosotros."[1]

Para el segundo paso de guía analítica en el cuento de Eleodoro Vargas Vicuña, deben ser considerados los elementos autóctonos y cristianos de la realidad andina. Hay que recordar la existencia de tradiciones y mitos indígenas que perduran calladamente en los pueblos y caseríos apartados de los Andes, como una reminiscencia ancestral, partiendo del incario. No se citan como tales en el cuento, sino que se reflejan en las actitudes de los personajes. La estructura que aparece a la vista es la tradición cristiana. La redención del hombre es el punto de partida de la narración. Del juego de estas dos fuerzas en los humildes personajes andinos, la étnica y la cristiana, Eleodoro Vargas Vicuña hará surgir inconscientemente, o "confusamente" (utilizando su terminología), una esencia hasta ahora no rescatada en la caracterización andina, el sentido existencial del hombre. Es aquí más que una supervivencia física. Es una voluntad, en este caso, y por preferencia del autor, una voluntad existencial. En la narrativa se ejemplifica en los protagonistas la noción del existencialismo del siglo XX, que hace hincapié en la libertad y responsabilidad única y exclusiva del individuo en afirmar su ser. Vargas Vicuña se define existencial en su cuento *Taita Cristo* tanto por el esfuerzo vital del hombre representado en Alejandro Guerrero, cuyo nombre en sí es simbólico, como por el poder regenerador de su madre, la vieja Juliana.

El cuento se centra exclusivamente en la representación del vía crucis un Viernes Santo en un pueblecito andino. La tragedia ocurre cuando a Alejandro Guerrero, cargador del anda del Redentor desde hace treinta y nueve años, se le niega el honor de su antiguo puesto debido a su edad. Lo substituye su hijo, pero el muchacho no soporta la prueba inicial y muere de una hemorragia. Alejandro Guerrero se adelanta ya no a tomar su antiguo puesto de cargador, sino a cargar de por sí la cruz misma. En el cuento se presentan cuatro planos de realidad: a) la realidad escénica, que constituye la procesión tradicional de Viernes Santo en el pueblo; b) la afloración de emociones provocadas en el pueblo por la selección y fallo de los cargadores del anda del Salvador; c) el intuir de esencias míticas y universales en el momento más intenso del drama en dos individuos, madre e hijo, como expresión del inconsciente colectivo; y d) la determinación existencialista con la que se vitaliza al ente andino en la figura de Alejandro Guerrero.

El existencialismo se perfila primero en la duda que nace de la falta de comprensión. Los jóvenes del pueblo ante la Cruz (sin el carisma de la fe) quisieran comprender antes de creer.[2] El mirar la Santa Cruz en la iglesia "es un indagar a lo alto como si se buscase la razón de algo que se desconoce. Es una duda."[3]

—¿Cierto será?
—¿Un hombre será?
—¿Un Dios muerto? (9)

Luego, llevados por el ambiente tradicional del pueblo, los jóvenes participan en la procesión que sigue. El joven Lizardo toma el puesto de su padre Alejandro. Es el heredero. El pueblo, haciendo coro, toma conciencia del hecho y explica el simbolismo de la situación:

—El Lizardo cargará como quien carga los pesos del pueblo.
—Tomará su lugar como quien toma la lampa para responder por sí mismo.
—Para saber que la tierra ya es pertenencia y para ser y decidir. No solamente los propios asuntos sino también los del pueblo. (11)

Las sentencias parecen ser reminiscencias de la vida comunal del Tahuantinsuyo traídas al presente, a la actualidad existencial del individuo. Pasada esta nota solemne, la procesión se forma con animación pueblerina. Mas entre los adultos aparece la que será la otra entidad del drama, la Juliana, la vieja madre de Alejandro. Vargas Vicuña la describe como ente intemporal, que no se sabe de dónde mira, a la que cuando habla, se le escucha.

Lizardo toma su puesto de cargador, pero falla dos veces por el peso excesivo que le dejan caer los mayores al inclinar el anda "para bautizarlo." Las maltoncitas o cantoras que siguen el anda de la Virgen, se entonan con más fuerza para animarse ante el sufrimiento del joven. "Mi hijo," dicen, como si lo sintieran suyo. "Esto es creer: las chicas como madres que lo sienten" (15). Al morir Lizardo, víctima de un esfuerzo provocado, el pueblo se siente culpable. La necesidad de expiar lo que ha sucedido recae en el viejo, aunque en el momento nadie dijera que se tratara de Alejandro exclusivamente. Así no lo entendió el antiguo cargador. Levantó la cruz del Señor y se puso en marcha.

Vargas Vicuña, sin perder de vista la realidad del pueblo, desvía la descripción para causar mayor tensión entre lo solemne y lo derisorio, en este caso, a un nivel de crítica social que señala título y nombre hispanos:

En eso, doña Brígida Mansilla, caída, borrachita, rezando, entrecerrando los ojos, alcanzaba a ver: un hombre debajo de una cruz, que ya se levantaba temblándole las piernas, tambaleándose.
—Lo que ve una con el trago. . . . (16)

En la procesión, el pueblo lloriquea en sentido comunal, al son de la voz rajada de los violines, no tanto por el acto solemne, sino porque el llorar es el modo culposo y triste del pueblo (17). En el curso de la procesión se le revelan al lector fuertes disidencias sociales sumidas en instantáneas que le vienen al pensamiento de los fieles: "en este sendero . . . tal vez estaremos llorando por don Demetrio Quiroz, Padre del pueblo, que apareció muerto allí y nunca se supo cómo: ¡Suceden las cosas!" (17–18). Vargas Vicuña en ningún momento se deja sobrecoger por lo religioso. Tratará el tema del vía crucis como un mito antiguo, revivido aquí como un sentir del hombre de la tierra que reconoce una misión que ha de cumplir: "El verdadero camino de la cruz, nuevamente un hombre está sufriendo. Lo vemos" (18). Alejandro cae por primera vez en el vía crucis. Esconde su pañuelo lleno de sangre y se levanta. Llega su mujer (a quien no reconoce) y le seca la cara y lo anima. Es la Verónica. Alejandro prosigue. Cumple él también su mandato, sólo que aquí se duplica la imagen con un contenido exclusivamente vital, como si alguien hubiese dicho, "Así es el asunto" (19). El pueblo tampoco entiende el sentido religioso, sino lo inexorable del acto. Alejandro cae por segunda vez. El pueblo lo ve más muerto que un muerto, a lo cual se le suma la pregunta existencialista del autor: "¿No es más muerto uno que podría responder y no responde?" (19).

Sin embargo, Alejandro se levanta y sigue este vía crucis suyo, también abandonado y solo, pues el pueblo duda de él igualmente. Además, piensa el pueblo, "¿No es Viernes Santo? ¿No hay un muerto?" (21). Y añade, "¿No tendrá que seguir de todos modos hasta morir?" (21). El pueblo espera que Alejandro siga: "Es a uno solo que le llega la hora. Y él es uno de quien se espera la respuesta" (21). Siente uno que para el autor, partícipe él también de la procesión, se espera la respuesta de Alejandro como si el hombre la pudiera dar. ¡Dolorosa incomprensión del cristianismo!

Para Alejandro, su acto de conciencia aquí era probar su hombría. Para el pueblo, era probarla ante los espectadores de los pueblos vecinos. Interviene el gobernador con sus asistentes, los chasquis, término que proviene de los mensajeros corredores del antiguo imperio incaico.[4] Levanta aquél la voz "como en los primeros tiempos de sus funciones" (22), como el *camachij* del incario, ordenando que avancen. Se exclama ¡*Padre Mayo*! ¡*Padre*

Mayo!, invocación indígena de triunfo asociada a la cosecha que se efectúa en aquel mes, aunque no concuerde aquí con el momento, salvo por el vigor que trae la idea de triunfo en la mente. Por otra parte, *mayo,* pronunciado en efecto *mayu,* significa río en quechua. *Mayo* se había mencionado ya al iniciarse el cuento, con referencia a los meses y estaciones del año, volviendo luego a abril "el mes de los días santificados," y de allí a la imagen de Cristo Crucificado, el Padre Cristo o *Taita Cristo,* título de la obra. Ahora en la procesión se oye la exclamación ¡*Padre Mayo!* ¡*Padre Mayo!* Conjeturamos que lo que hace Vargas Vicuña es, por una asociación inesperada de vocablos, sugerir una asociación auditiva e inconsciente en la mentalidad pueblerina, que a su vez intuye arquetipos y símbolos de poder purificador: *Padre* y *mayo, Cristo* y *agua,* todo ello traído de nuevo a la procesión, en la cual Alejandro no sólo ha adquirido la imagen de esforzado sino la de padre tutelar del pueblo, como en tiempos prehispánicos. He aquí el móvil del inconsciente personal.

En el vía crucis, la mujer de Alejandro se le aproxima de nuevo, lo anima y se anima ella, untándose la cara con la sangre de Alejandro. Se podría considerar en este acto el amplio campo de referencias que implicara el símbolo en la antigüedad pagana o posiblemente en la incaica. El autor nos remite simplemente a un acto de conmiseración, al juzgar por el lamento de la mujer, aptamente expresado en sintaxis quechua, "tu mujer, diciendo; tu mujer, llorando" (22). Alejandro cae por tercera vez. Alguien se le acerca para ayudarlo a cargar la cruz. Es el *upa* Raymundo, el alma simple del pueblo, pero el gobernador lo retira de un fuetazo y el pueblo lo secunda. Se desvía la historia del texto de los Evangelios. Se trata aquí de hombría: no sería igual si ayudaran al mortal que ahora carga la cruz. No obstante, se duda de la situación y el pueblo decide traer a la madre de Alejandro. Bajan la estatua de la Virgen de su anda y sustituyen a la Madre Dolorosa por la Juliana. Divisa ésta a su hijo cargando la cruz y dice: "Lo que mi corazón me decía" (25), "aunque nadie repara en sus parabras" (25), añade el autor.

Con esta actuación en tres tiempos, cristiana, autóctona y existencial, el autor prepara el escenario para la afloración del inconsciente colectivo en la madre Juliana.[5] Al ser llamada, se transforma en el arquetipo de la madre universal: madre incaica, madre de Alejandro y madre dolorosa también en una prueba de su hijo. Al incitarla que actúe, el pueblo le grita, "Prueba, mama" (25), "¡Habla mamaco!" (26). Puede que *mamaco* sea simplemente una voz afectiva de *madre*, pero en voz quechua *mamaco* quiere decir "mujer hombruna, corpulenta y ordinaria."[6] Ahora bien, siguiendo el primer paso dado por el autor, por asociación auditiva e inconsciente, tal vez se remede en *mamaco* la voz *mamacona*, vírgenes escogidas que envejecían en los conventos al servicio de los templos del Sol y de la Luna.[7] Aunque *mamaco* también pudiera sugerir la corruptela de *Mama Uaco*. En la tradición oral de los Incas, fue la primera dama o *coya* del imperio, mujer hermosa y hechicera, en el decir de Guaman Poma, cuyo nombre, *Mama Uaco Coya*, significa Madre y Divina Reina.[8] En todo caso, la vieja madre Juliana actúa como lo requiere el momento. Se reanima física y mentalmente. Impreca al pueblo incauto. Uno del pueblo le responde, "Ha llegado este instante en que todos nos hemos comprometido. . . . Ese hombre, este hombre es uno de nosotros que está cumpliendo" (27). El cambio de la madre Juliana será tanto más violento al verla primero en su actualización pueblerina: pidió aguardiente, se limpió la boca con la manga, tomó un trago, se enjuagó la boca y apuró otro más. El pueblo la bajó del anda con reverencia. Se acercó a Alejandro y le sopló en la frente, luego en la sien. Sus manos lo frotaron. Luego, como no reaccionara, le sopló en la boca. Simuló darle alma o fuerza psíquica. Convencida de su poder vivificador, esperó a que la levantasen de nuevo al anda y señaló la partida con el brazo. Fecundó el acto psicológico. Alejandro reanudó su vía crucis. Un viajero testigo dijo, "Ustedes son un pueblo que harían rezar a Dios mismo" (28).

Tanteamos la realidad en *Taita Cristo* como aquellos sus protagonistas y su pueblo. Nosotros, por parquedad estilística y calculada del autor, aquéllos por el intuir penoso de una cultura que no ha borrado la antigua. Depurando las posibilidades de adquisición en el inconsciente personal de la vieja Juliana, dejamos a un lado los elementos quechuas y cristianos adquiridos por tradición y nos quedamos por último con el instinto regenerador materno como única expresión innata, personal y universal del inconsciente colectivo. En su hijo, el sentido innato del inconsciente colectivo es el querer valer del hombre. Es lo que lo hace heroico. Alejandro Guerrero continúa indefectiblemente con su tarea en este mundo. Por fin se llega al lugar concertado como meta del vía crucis, "como si hubiésemos venido, desde tiempos, para este momento" (29). Alejandro se para triunfante. Luego cae a tierra, "un rostro de sangre en un rostro de barro. Hombre como hoy se ve, es uno que ha cumplido. Ha triunfado respondiendo como los antiguos" (29). Alejandro Guerrero es el arquetipo heroico, aunque no participe tanto del contenido universal e intemporal de esta figura por tener que representar el vitalismo existencial que le confiere su creador. No obstante, su nombre helénico le trae, por asociación, los artibutos de valía y de poder, y el hispano, de tenacidad y hombría. El autor le concede además cierta aura mitológica. Al caer al final del vía crucis, el *upa* o idiota del pueblo se lame de su mano la sangre que ha tocado en Alejandro, "como si fuera de un negro toro bravo" (29), acto instintivo, vitalista y pagano.[9]

Al concluirse el cuento, hay una estela final de símbolos, algunos un tanto forzados. Al morir Alejandro, baja como de costumbre, camino al pueblo, el caballo de don Espíritu Puente, curiosa asociación de nombres, dado el contenido religioso de la acción. Ha amanecido (un poco inesperadamente) y suenan las campanas, "como si nada hubiera pasado" (29), dándosele a la escena un tono de irrealidad. La madre Juliana ve que "los mayordomos" o miembros de la cofradía, levantan el cadáver de Alejandro. Juliana dialoga mentalmente: "¡Si hubiera sido su hijo!" (30), queriendo decir el otro Hijo, de otro vía crucis. La respuesta le viene, "Si hubiera sido su hijo, lo mismo hubiera sucedido" (30), es decir, hubiera cumplido igual que Alejandro— curiosa vuelta existencial. Su pensamiento se refugia en la iglesia del pueblo y toca la cruz como si estuviera allí. Piensa en el hombre, el Salvador, "de nuevo solo, con la frente caída, en medio de los oscuro" (30), cerrándose así la historia con la misma figura del Cristo que la inicia y le da su nombre. Juliana vuelve al pueblo más fuerte, sintiendo inconscientemente ("confusamente") que alguien ha nacido. Si la vieja madre Juliana piensa aquí "confusamente" es porque percibe con más instinto que conciencia una preocupación mítica del "renacer." Ni aun parece apreciar el significado cristiano de redención, que mecánicamente exterioriza el pueblo y de lo cual se aprovecha el autor, en su doble actuación de retratista y artista, para forzar una comprensión existencial asignada a suplir el vacío espiritual del pueblo.

Al sentirse rejuvenecida la madre Juliana mediante el acto heroico de su hijo, como si alguien en la prueba hubiera nacido, tal vez experimentemos nosotros una esperanza en el renacer del hombre andino, en cuya hombría pone el autor toda su fe. En todo caso, se ve en el cuento de Eleodoro Vargas Vicuña un progreso en la narrativa andina: en *Taita Cristo* no se describe arbitrariamente al hombre por su estratificación racial y social, sino que se intenta caracterizarlo por un contenido esencial, en este caso existencial.

NOTAS

1. Carl Gustav Jung, *The Archetypes and the Collective Unconscious*, trad. R.F.C. Hull (Princeton, New Jersey: Princeton University Press, 1968), pp. 3-4. Traducción hecha aquí al español de lo siguiente: "At first the concept of the unconscious was limited to denoting the state of repressed or forgotten contents. Even with Freud, who makes the unconscious— at least metaphorically— take the stage as the acting subject, it is really nothing but the gathering place of forgotten and repressed contents, and has a functional significance thanks only to these. For Freud, accordingly, the unconscious is of an exclusively personal nature, although he was aware of its archaic and mythological thought forms.— In his later works Freud differentiated the basic view mentioned here. He called the instinctual psyche the 'id,' and his 'super-ego' denotes the collective consciousness, of which the individual is partly conscious and partly unconscious (because it is repressed).— A more or less superficial layer of the unconscious is undoubtedly personal. It is called the *personal unconscious*. But this personal unconscious rests upon a deeper layer, which does not derive from personal experience and is not a personal acquisition but is inborn. This deeper layer I call the *collective unconscious*. I have chosen the term 'collective' because this part of the unconscious is not individual but universal; in contrast to the personal psyche, it has contents and modes of behaviour that are more or less the same everywhere in all individuals. It is, in other words, identical in all men and thus constitutes a common psyche substrate of a suprapersonal nature which is present in every one of us."

2. Sobre el carisma de la fe, Jung hace las siguientes observaciones (citadas aquí de la traducción directa de R.F.C. Hull): "I readily admit that the creation of symbols could also be explained from the spiritual side, but in order to do so, one would need the hypothesis that the 'spirit' is an

autonomous reality which commands a specific energy powerful enough to bend the instincts round and constrain them into spiritual forms. This hypothesis has its disadvantages for the scientific mind, even though, in the end, we still know so little about the nature of the psyche that we can think of no decisive reason against such an assumption. In accordance with my empirical attitude I nevertheless prefer to describe and explain symbol-formation as a natural process, though I am fully conscious of the probable one-sidedness of this point of view. . . . Faith is a charisma for those who possess it, but it is no way for those who need to understand before they can believe. This is a matter of temperament and cannot be discounted as valueless. For, ultimately, even the believer believes that God gave man reason, and for something better than to lie and cheat with. Although we naturally *believe* in symbols in the first place, we can also *understand* them, and this is indeed the only viable way for those who have not been granted the charisma of faith." C.G. Jung, *Symbols of Transformation*, trad. R.F.C. Hull (Princeton, New Jersey: Princeton University Press, 1967), pp. 228-231, pars. 338, 342.

3. Eleodoro Vargas Vicuña, *Taita Cristo* (Lima, Perú: Populibros Peruanos, 1964), p. 9. La paginación de las citas subsiguientes quedará anotada en el texto.

4. Según la balada de Manuel González Prada, "El chasqui," el antiguo cargo del imperio degeneró en la colonia al de criado que corre junto al caballo del amo, sirviéndole de guía. Manuel González Prada, *Baladas peruanas* (Santiago de Chile: Ercilla, 1935), p. 123.

5. Este acto se explica en la teoría de Jung: "All knowledge of the psyche is itself psychic; in spite of all this the soul is the only experient of life and existence. It is, in fact, the only immediate experience we can have and the *sine qua non* of the subjective reality of the world. The symbols it creates are always grounded in the unconscious archetype, but their manifest forms are moulded by the ideas acquired by the conscious mind. The archetypes are the numinous, structural elements of the psyche and possess a certain autonomy and specific energy which enables them to attract, out of the conscious mind, those contents which are best suited to themselves. The symbols act as *transformers*, their function being to convert libido from a 'lower' into a 'higher' form. This function is so important that feeling accords it the highest values. The symbol works by suggestion; that is to say, it carries conviction and at the same time expresses the content of that conviction. It is able to do this because of the numen, the specific energy stored up in the archetype. Experience of the archetype is not only impressive, it seizes and possesses the whole personality, and is naturally productive of faith." C.G. Jung, *Symbols of Transformation*, trad. R.F.C. Hull, p. 232, par. 344.

6. Cf. *Diccionario qhëshwa-castellano*, Jesús Lara (Bolivia: Editorial "Los Amigos del Libro," 1971), p. 166.

7. Cf. "Glosario de voces indígenas," Angel Rosenblat, en *Comentarios*

Reales de los Incas, Garcilaso de la Vega, Inca (Buenos Aires: Emecé Editores, S.A., 1945), II, 321.

8. Felipe Guaman Poma de Ayala, *El Primer Nueva Corónica y Buen Gobierno,* ed. Tnte. Corl. Luis Bustios Gálvez (Lima, Perú: Editoral Cultura, 1956), I, 90–91.

9. En la antigüedad pagana existía la creencia de que el alma o vida del animal residía en la sangre o era la sangre misma. James George Frazer, *The Golden Bough,* ed. Theodore H. Gaster (New York: Criterion Books, Inc., 1959), p. 177, par. 173.

XI

Composición: conciencia de estilo

Appeared first in *Hispania*, Vol. LI, No. 2 (May 1968), pp. 286–91.

Composición: conciencia de estilo

SHOP TALK

Ultimamente se ha facilitado la enseñanza de lenguas extranjeras mediante nuevos métodos orales, tanto en las escuelas secundarias como en los *colleges* y en las universidades. Sin embargo, la enseñanza de la composición, el arte de escribir, sigue siendo un curso difícil. La composición podría ser el paso natural de los cursos primarios al nivel literario, aplicando el proceso de análisis e imitación en la enseñanza de la composición. Sobre este tema, y con respecto al español, quisiera exponer algunas consideraciones prácticas sobre la composición como conciencia de estilo. Ideas que he venido formulando con la experiencia de mis clases, ideas que seguramente parecerán obvias al momento de considerarlas. Me defiendo de este pensamiento señalando que cada generación de estudiantes vuelve siempre a principiar. A veces somos nosotros los impacientes, queriendo cambiar de métodos, cuando la paciencia es la base de toda buena enseñanza y los valores clásicos por viejos no dejan de ser buenos. No traigo métodos nuevos; sólo nuevas consideraciones. Al mirar al alumno, al "Spanish major," lo veo a un tiempo con todos sus años de especialización, desde el primer semestre de español hasta el momento de recibir su diploma. Para mí su continuidad es indivisible. Téngase esto presente al seguir el tema de mi exposición.

Definimos el término composición, en nuestro concepto escolar, como medio de aprender a escribir correctamente, y dentro de lo posible, artísticamente. El escribir es un arte. Implica genio y disciplina. Dentro de lo escolar implica ante todo una franca comunicación entre maestro y alumno. Cada parte aporta algo a la clase, y cada una exige algo también. Veamos cuáles son las exigencias prácticas de la asignatura para pasar luego al procedimiento de enseñanza. El propósito de la composición queda ya definido en el título de esta exposición: conciencia de estilo. Se supone que un alumno ingrese en una clase de composición después de cuatro semestres universitarios de español o de estudios equivalentes. Esto ya pide aclaración. El estudio de lenguas extranjeras en los colegios de segunda enseñanza permite que el estudiante ingrese en ese quinto semestre de español que llamaremos composición en su primer año de universidad. También pudiera ser que por haber principiado el alumno el estudio de lenguas en el noveno grado, considere el maestro que en su último año de escuela secundaria esté preparado para asimilar tal asignatura. Y para extender el caso a la realidad un poco triste, puede que el estudiante llamado "graduado" se vea en la necesidad de incorporar semejante asignatura en su programa. No conoce a fondo el idioma y pronto tendrá que enfrentarse con una clase de español. ¿Sitúo entonces al bachiller, al estudiante universitario y al futuro licenciado todos a un mismo nivel? Desde el punto de vista de disciplina, sí. Desde el punto de vista de creación artística, no, porque el arte de escribir implica cierto reflejo de madurez con respecto a tiempo, perspectiva y experiencia del individuo. No contamos con la posibilidad del genio porque sus visitas son raras. Inclinación o talento sería término más modesto y más común en las clases.

De modo que el maestro, enseñando en tres grados distintos de creación, con el mismo procedimiento básico obtendrá tres resultados que habrán de variar en mérito de menor a mayor grado. La disciplina constante es la gramática. No vale ningún esfuerzo de creación sin el dominio de la gramática, esa palabra tan humilde y tan honesta que han venido disfrazando con perífrases los teóricos progresistas de hoy en día, como si llevara consigo alguna fealdad alevosa para el cándido estudiante. La repetición persistente y constante de paradigmas no es analizar el idioma. Por eso se ve uno luego explicando una y otra vez el imperfecto y el pretérito, el *ser* y *estar* y los tiempos del subjuntivo aun al nivel de los llamados "cursos avanzados," porque los estudiantes no llegaron a dominar la gramática en los cursos elementales. Luego, cuando llegan a los cursos de literatura apenas saben leer. Han sido preparados para expresarse oralmente según ciertos moldes. Muy útil todo ello para el que vaya a trabajar inmediatamente en una oficina o en una compañía norteamericana en el extranjero, pero no para el llamado "Spanish major" que tiene que hacer frente a una intensa labor de lectura y sufrir exámenes escritos en los cursos universitarios. La falta aquí es la del maestro. Luego se les enseña a estos buenos estudiantes a leer a la ligera. Lo importante es tener una idea de lo que se trata, más o menos—terrible expresión, ese *más o menos*. Y más importante, se les dice, es leer en cantidad. Como consecuencia, no desarrollan un sentido de apreciación de estilo. Leen sin saborear.

A pesar de todo lo que acabo de decir, creo firmemente en laboratorios de lenguas y métodos orales, siempre que no se olvide el elemento escrito, aun en los cursos elementales. Con respecto a ellos, la composición adquiere una doble dimensión, una dualidad de propósitos, a saber, el repaso y dominio de la gramática y el despertar de una conciencia de estilo. Hecho que se lleva constantemente a la práctica escrita.

Esta asignatura, un poco despreciada por los alumnos, que nos aseguran que no piensan escribir novelas en español, y por los maestros, paralizados ante la idea de tanto corregir, resulta ser, no obstante, el puente indispensable entre los cursos primarios de lenguas y los cursos avanzados de literatura. Debiera tener la composición el rango y prestigio de un curso de literatura. Requiere tanta preparación del maestro como la literatura. En la práctica exige dos restricciones absolutas: una clase de quince alumnos a lo sumo y tareas bien trabajadas, pero de mínima extensión. El método para dicha asignatura será el de imitación de estilos según los modelos literarios. Los temas serán sugeridos por las selecciones mismas.

El profesor, consciente de la riqueza de obras maestras en el idioma, puede respaldarse en sus conocimientos de literatura, orientando el curso por vía de una cronología estilística de la prosa moderna española o hispanoamericana. Se evita así una preocupación por parte del profesor, quien no tendrá que ser modelo, aunque sí crítico. Sin ser escritor, puede enseñar a los alumnos a emular a los maestros de la literatura. Teniendo esto presente, me puedo dirigir a toda clase de profesores de español: a aquellos que hayan adoptado el español como lengua propia, a los que hayan tenido que aprender inglés para poder enseñar español y a los que tengan el privilegio de saber el idioma desde la infancia. Y no hay duda alguna en cuanto a la discreción y a los conocimientos literarios de todo maestro.

Por lo visto, los requisitos mínimos para el maestro son en todo caso factibles. El programa, como he dicho, debe ser equiparado con el de un curso de literatura. En la tarea se recomiendan dos cosas tan agradables para el maestro que corrige como para el alumno que escribe: esmero y brevedad. El escribir es un privilegio. No una obligación. El estudiante debe escribir para un público. Por lo menos, su composición será leída en clase. Bajo ningún concepto debe exceder la composición una cara de la hoja. Al principio un párrafo o dos será suficiente. En el segundo semestre del curso habrá tiempo para escribir con mayor amplitud, siempre que el maestro considere el alumno apto para ello. Por lo menos tiene que haber dominado la gramática.

¿Cómo mantener el interés del estudiante con una diversidad de temas que le revele al mismo tiempo la ciencia del arte literario? Vuelvo a lo mencionado: mediante una cronología estilística de la prosa moderna. ¿Cómo aprendieron a escribir los autores mismos? Ensayándose en lo que el erudito investigador se complace en clasificar luego como *juvenalia*. Imitando a los maestros que les precedieron, entregaron sus composiciones a los periódicos o a las revistas de la época para ser juzgadas por el más implacable de todos los maestros, el público. En este proceso ineludible, algunos se descorazonan; otros persisten, mejor dotados de genio; y aun otros, a pesar de sus limitaciones, desarrollan un estilo fácil y ameno que les permite disfrutar de cierta fama, aunque tal vez efímera. De estos tres grupos, suponiendo una situación análoga entre estudiantes, es posible que constituya el tercero la base de una clase de composición, es decir, un grupo que llegue a escribir relativamente bien sin ser absolutamente brillante. El método para los autores fue, conscientemente o no, el de imitación, y para nosotros será el de análisis e imitación. Análisis de pasajes literarios para ver en qué consiste el estilo, la idea que lo rige, y por último, como juego, la imitación. Empleo la palabra juego con plena conciencia. El espíritu con que se escriban dichas composiciones será un tanto festivo, como si fueran juegos del intelecto, llevados a cabo con cierta complacencia. El método en ningún caso fuerza al estudiante a someterse al rigor de un estilo indefectiblemente. Al contrario, lo invitará a modificarlo en la siguiente lección, después de una o dos semanas, y así sucesivamente, llevando al estudiante a través de la historia o desarrollo del estilo por una centuria de prosa moderna,—o si no se quiere incluir tanto en el programa, a través de unas décadas de prosa contemporánea. El problema de encontrar temas de composición queda también resuelto al imitar las obras maestras. Los temas serán los mismos que los del modelo, dejando al estudiante equiparar en cada caso la situación a una suya en un ambiente norteamericano que él conozca. Si el modelo es un pasaje descriptivo y lírico de la naturaleza, existe igual fuente de inspiración en la naturaleza de este continente. Si es un tema subjetivo, también puede revivir el estudiante alguna situación paralela. Si es la pintura detallada y minuciosa de algún pueblo español, también podrá el novel escritor fotografiar algún barrio norteamericano. Tipos y personajes, situaciones, todo existe igual aquí que allá. En toda obra hay un elemento que varía, que es el estilo, la manera que tiene el autor de expresarse, y otro constante, el aspecto humano, que todos conocemos. Desde luego, estoy considerando esto muy esquemáticamente para poder señalar la posibilidad de relacionar temas extranjeros con los del país, que el estudiante pueda manejar, y para utilizar el juego estilístico como práctica de composición. Así se puede explicar el interés común que el estudiante tenga con el modelo y que lo inspire a crear algo en un idioma extranjero.

Si la relación del alumno con respecto al tema es importante, tanto más valiosa será la franca comunicación entre maestro y alumno en cuanto a la corrección de las composiciones. Me refiero a la discreción del maestro en corregir minuciosamente sin descorazonar al estudiante. Asunto tanto más delicado cuanto la corrección debe ser discutida en clase, permitiendo además la intervención de otros compañeros de la clase. La intransigencia queda fuera del ámbito de discusión, recordando que el gusto tiene derecho a afirmarse y sólo la falta de armonía o la exageración fuera de lo normal debe ser censurada. Aquí repito de paso que para causar el efecto deseado en un estilo por parte del estudiante, basta por lo general un párrafo, y el hecho de que las composiciones deben ser discutidas en clase, demuestra aún más la necesidad de que sean breves. Por supuesto, siempre junto a la preocupación del estilo queda la inevitable corrección de la gramática, que con el tiempo irá disminuyendo.

El estudiante en tal curso no será ya estudiante sino pequeño crítico literario y posible autor—joven y humilde, pero innegable genio creador, quien desempeñará su papel según su máxima potencia de talento, más allá del aspecto práctico del idioma. El verdadero autor, aquel genio singular que en cada caso tratamos de emular, existe en esfera aparte. No obstante, tiene tanto deseo de complacernos como nosotros de comprenderlo. El autor se dirige al público. Escribe para compartir con él su creación. El estudiante también forma parte de ese público. La lectura de cualquier obra es una experiencia literaria que causa una impresión. Reconocer esa impresión lleva al estudiante a formular una apreciación literaria, a tener conciencia de estilo.

La aplicación de esa conciencia a la práctica es el interés del curso. Para el maestro que pueda llevar este juego intelectual a un nivel más alto entre alumnos de cierta experiencia literaria, la composición podría pasar a ser un curso de estilística. Se usa aquí la palabra estilística en su amplia acepción de todo lo relativo a la formación, estudio, comentario o análisis de estilos determinados. Ya no sólo se incluye la práctica de composición sino el estudio del estilo relacionado a las tendencias filosóficas y sociales del tiempo. Las lecturas serán más amplias. En el transcurso de las lecturas, el estudiante, posiblemente el llamado "estudiante graduado," podrá redactar, como repaso, la ideología de cada escuela literaria, los aspectos filosóficos, sociales e históricos que hayan afectado el estilo y por último, en proceso inverso, puede indicar la técnica de la que se vale el autor en el empleo de vocablos, frases y giros para crear el efecto artístico. Veamos cómo puede uno orientarse en esta técnica más avanzada.

El profesor puede iniciar el programa con el comienzo de la prosa moderna en España, época de renovación en la que se desprende el arte de la rigidez neoclásica impuesta por un siglo, época que por su liberalismo y espontaneidad compaginará con el

personalismo y la espontaneidad del novel escritor. Pudiera juzgarse esto como decisión arbitraria o por lo menos oportunista. Lo
es. Además, el romanticismo, que es la época a la cual me refiero,
con sus características subjetivas, escapistas y melodramáticas,
resulta un estilo obvio y fácil de analizar. Fácil también de equiparar
con la actual rebeldía individualista y con el escapismo moderno
del cine. En su aspecto más subjetivo, puede que revele un velado
lirismo por parte del estudiante; en su aspecto histórico, podría
instarle a revivir el pasado colonial norteamericano. El romanticismo
trae consigo el estudio de los costumbristas. El costumbrismo con
su detallismo medio satírico puede volver el lente hacia el público
moderno y reparar en su extraordinario baile, su exagerado vestir,
su política. Los temas se multiplican. El estudiante tal vez quiera
evocar, como paralelo a los cuadros de la novela costumbrista,
ciertos cuadros de la vida rural o urbana de los Estados Unidos.

Habiendo pasado unas semanas en esta fase inicial, apreciará el
estudiante el realismo objetivo del siglo XIX y se dará cuenta de la
diferencia entre una descripción hecha al estilo de una cámara
fotográfica y una descripción vista a través del lente modificado por
la emotividad del escritor. Hecho que el estudiante puede practicar
en dos párrafos escribiendo dos descripciones totalmente distantes
de un mismo lugar o de una misma situación. El estudiante
apreciará en el realismo un estilo que hasta ahora había aceptado
de hecho.

Del realismo exterior se pasa al realismo interior o psicológico.
Tema que también se presta a una composición corta en la que se
evite toda referencia al detalle externo para dar a conocer una
personalidad, o una fase de ella, directamente o por implicación.
Este aspecto del realismo es más difícil de reproducir porque aun
en el escritor modelo implica un estilo de plena madurez artística.
En el texto que empleo para este curso (*Antología estilística de la prosa
moderna española*, New York: Las Américas Publishing Co., 1968)
utilizo la clásica novela de Valera en la que se presenta, si no un
análisis, por lo menos un desdoblamiento de personalidad en la
figura del joven seminarista. En *La Regenta* de Leopoldo Alas hay
un pasaje corto en que se analizan clínicamente las razones o causas
de actuación de la joven protagonista respecto de su niñez. También
se podrían extraer pasajes de *Fortunata y Jacinta*, pero resultan

demasiado extensos. No menciono lo contemporáneo por mantener por el momento un orden cronológico.

Semejante dificultad de extensión en los modelos encuentra uno al llegar al estilo naturalista, la tercera etapa estilística del siglo XIX. La lectura aquí es el primer capítulo de *Los pazos de Ulloa*. Es el naturalismo español depurado de la orientación social y determinista del naturalismo francés. Ejemplos de naturalismo los hay en los Estados Unidos, aun en las novelas del siglo XX. La dificultad para el estudiante reside ahora en reproducir un cuadro naturalista que no resulte melodramático.

El romanticismo, el realismo y el naturalismo son los tres estilos fundamentales del siglo XIX en España. Se manifiestan convenientemente en un período de medio siglo. No menciono que son importados, y todavía menos en cuanto al realismo y al naturalismo, porque se me presentaría la sombra de Benito Pérez Galdós para recordarme, como se lo recordó al público du su época, que todo eso ya se había producido en España mucho antes.

Respecto de estos tres estilos, bueno sería indicarle al estudiante (1) que hay una diferencia entre estilo y escuela, entre el sentido genérico de la palabra y la particularidad de una época literaria; (2) que a veces los enlaces de una y otra escuela constituyen estilos en sí, por ejemplo, entre el romanticismo y el realismo se proyectan en diferentes planos de creación artística, la novela idealista de la actualidad, el cuento ideado entre lo real y lo irreal, y las memorias; (3) que también un estilo presenta múltiples facetas: así contamos con el realismo psicológico, el realismo vinculado al periodismo, el realismo de tendencia naturalista; (4) que, en fin, ningún estilo es absoluto en una obra maestra.

Convenientemente para estudiante y profesor, el siglo XX abre nuevos horizontes al pensamiento y al perfeccionamiento artístico, lo cual cuadra perfectamente con la iniciación del segundo semestre de composición. Perdónenos el ser tan oportunista, pero no vamos en contra de la verdad. Así es en España y aún antes en Hispanoamérica. Nos atenemos a la literatura española, que nos presenta en partes iguales el doble aspecto artístico y filosófico de la nueva Generación del '98. Hasta tiene la época un aspecto de creación más personal, menos de escuela. Aún más interesante todo ello para el alumno que ya ha pasado por la preparación del primer semestre y que puede gozar ahora de mayor individualismo propio, tanto en sus opiniones como en el arte de escribir. Aquí ya no hay paralelo absoluto con el desarrollo de la literatura norteamericana. La habría más desde el punto de vista social con la literatura de la América latina. En España se acentúa el personalismo que puede ser llevado a un alma colectiva nacional, así como lo puramente artístico, pasando primero por la célebre etapa de la "deshumanización del arte," hasta llegar a la depurada expresión surrealista. Será el ensayo el género más estudiado en cuanto al aspecto de conciencia nacional. Podrá el alumno responder respecto de su país a las mismas preguntas que se hacían en España a principios del siglo XX. ¿Quién forjó la ideología norteamerica? ¿Cuál es la conciencia histórica de los Estados Unidos? ¿Quiénes han influido en la actual generación de escritores norteamericanos? etc. En las respuestas se tendrá presente como reglas del estilo la sencillez y la claridad tan bien advocadas por *Azorín,* y la sinceridad y la "retórica en tono menor" de Pío Baroja. Esto es en cuanto al aspecto realista moderno que aún perdura en escritores contemporáneos. Y paso por alto el estudio de la influencia existencialista en la prosa contemporánea por falta de perspectiva histórica.

En cuanto al surrealismo, este aspecto no es tan difícil para el estudiante porque ve el paralelo palpable en los museos de arte moderno. Digo palpable en lo que perciben los sentidos de concreto, porque a mí aún no se me ha permitido vagar libre e inteligiblemente por las galerías del subconsciente artístico. Clamo a veces perdida en la frialdad espacial del tiempo sin perspectiva, y tengo idea que el artista me mira con desprecio. No basta para el arte moderno el admirarlo. Hay que saber entenderlo. Ahí reside el arte. No en lo que se ve sino en lo que se entiende. Luego este arte de sí se presta a una variedad de interpretaciones. Habiéndole mostrado a mi clase modelos de prosa surrealista, les dejo a ellos, a los jóvenes de esta generación, nacida entre los frutos de la pasada vanguardia surrealista, que me expliquen bien lo que ven, lo que sienten, lo que sugiere el autor, y me deleito en la multiplicidad de respuestas posibles. Y crean ellos también, mis alumnos, un arte un poco estridente, ligeramente poético, y gozan luego de verse analizados. Aquí ya hay no sólo conciencia de estilo sino conciencia de creación.

Concluyamos esta breve exposición con entusiasmo. Esta es la última fase ideal: el desprendimiento de un ente creador que ha dominado la disciplina técnica del idioma y se ha elevado a la esfera de pequeño autor. Es todo lo que puede un maestro. Más allá, el mundo será su maestro.

Septiembre de 1966

XII

Interdisciplinary Credit in the Humanities: Black Literature in Latin America in Translation

Appeared first in *Latin American Literary Review*, Vol. IV, No. 7 (Fall–Winter 1975), pp. 49–56.

Interdisciplinary Credit in the Humanities: Black Literature in Latin America in Translation

We are at the crossroads of changing trends in the traditional study of foreign languages and literatures and the innovative directions in ethnic studies, the study of literatures in translation, and interdisciplinary courses. A very meaningful orientation can be initiated from this fortuitous situation: the creation of a course in Black Literature in translation which will equate an ethnic interest with a cultural counterpart of Black expression in Latin America. Such a course could be considered at a sophomore level as a three credit elective in the Humanities, complementing major studies in either Afro-American or Latin American Studies, or in Modern or Comparative Literatures. The course would be given on a broader basis than a traditional literature course. The foreign language involvement would be set aside and more attention would be given to the social and historical aspects of the literature. Black identity in Latin America is a complex subject of multifaceted interests not only in literature but in the social sciences as well. The interdisciplinary approach for the course would stem both from the outlook of the instructor and from interdepartmental faculty exchange.

The study of Black expression in Latin American literature may be considered under the three leading Romance languages, namely, Spanish, Portuguese, and French. That automatically implies three cultural ramifications of Greco-Latin source in which the history of Black expression has surfaced and flourishes in varying degrees of ethnic identity as part of the Latin world in the American hemisphere. Hence, a course in Black literature in Latin America could be studied from a background of the dominant language and heritage grouping or as a crosscut survey with masterpieces from the three languages in which the Black subject has been touched upon and in which, more interestingly, Black literature is acquiring its own identity. In either case, to do justice to the subject within the Caribbean area, complementary reading of Black expression in English must be considered, hence a crosscut of masterpieces would be the preferred approach.

One fact has already been inferred in the considerations just stated, and that is that Black identity in Latin America runs parallel with nationalism and dominant cultural milieus. One possibility should be looked for, and that is a civic ethnic identity, at least within geographical areas. Written material on the Black subject can be drawn in part from interdisciplinary sources within the social sciences to document or explain literary expression, and for the time being, all literary works on the Black subject should be considered in order to formulate the ultimate essence of Black literature.

Everyone is aware of the fact that in a course in Black literature, Black authors are preferred, even, some might say, to the exclusion of White authors. Although one would tend to favor this inclination through the natural desire to arrive at ethnic authenticity, it is really a happy thought that the names of authors carry no racial tags. Only the reward of literary fame should bring forth the full identity of an artist.

In a course in Black literature in translation, ironically enough, English expression in the Caribbean would be left out. As previously stated, in consideration of the core of the Caribbean area, which could be studied as an independent unit, no doubt the instructor should feel free to incorporate popular works or literary masterpieces in English in a course dealing with the Caribbean islands. Although a portion of the course literature then would not be in translation, still the general interest of the subject would prevail.

The study of literature in translation implies quite a different approach from the literature studied within its language source. It is by no means a lessening of the discipline but rather a shifting of interests within the subject matter. Ideology comes to the fore and style is seen through structuring. The details of the foreign language that absorb so much of the student's time vanish like dispersed mist and the student can see directly and instantly into the social picture of the literary masterpiece. The structuring of said masterpiece will be his next concern and the interrelation of thought and structure will ultimately stimulate his mind to literary analysis and literary values.

Let us turn to the significance of ideology in ethnic literature, or in any literature for that matter, and what it can imply in course programming. The subject of pure literature has been often debated, and many feel that, to a great extent, literary expression, without denying the importance of its aesthetic values, is in itself based on social circumstances and carries with it some social thought or thesis. Even the least compromising literary production depicting everyday life brings about judgment in the mind of the reader: evaluation in retrospect, present comparison of the same subject in a different setting, thoughts for a changing future. In literature, the social and political components of history, past and present, can scarcely be overlooked. In Latin America these components are one with literature (even in poetry). In Black and Indian expression, they are the keynote to the literature itself. It is not unusual at all, in fact, it is absolutely necessary, to understand the historical background of Latin America in order to appreciate its literature. From independence on, it is imperative. Hence, very often, courses in history are recommended to complement the study of standard literature courses. Why not the reverse? To point out an ethnic parallel, who can study the Indian in Latin America and overlook the abundant and combative literary production both in prose and in poetry? Why not an interdisciplinary approach to literature? The broad study of literature by students of history or anthropology: a course so geared as to attract the interdisciplinary student. Very little has been done with Black literature outside of the national boundaries. In some colleges and universities, nothing at all. Here is an opportunity to blend and focus three new trends: the ethnic, the literature in translation, and the interdisciplinary.

Bearing this in mind, various issues in the teaching of Black literature in Latin America should be considered here: (1) the subject of ethnicity, (2) the pedagogic approach to the course, (3) the benefits derived from the course, (4) pitfalls to be avoided, and (5) the practical aspects of putting the course into effect within an academic budget. The most important question to be answered even before entering into the particulars of programming is what, indeed, is Black literature.

We define Black literature as that aspect of the belles-lettres which deals with the subject of Black people, individually or collectively, as depicted by any author of merit irrespective of his ancestry. This means that the authors may be White or Black. It does not matter. The inspirational subject of the course is Black identity. It should not matter if at present the preponderance of poets and prose writers in most geographical areas is White. Historically speaking, it cannot matter, since Black writers in nineteenth century Latin America were the exceptions, but there were Black nationalist poets and patriots that can be mentioned with pride and their civic contributions to national identities should not be forgotten in a course of Black literature and Black identity in Latin America. In an interdisciplinary approach such historical facts should be brought out to give depth and human perspective to literature.

The Black subject in literature started and became a matter of prime concern with the abolitionist movement, a literature especially difficult to circulate under colonial rule. The literature coincided with a very late romantic period in Latin America (late by European standards). Historically and stylistically speaking one tends nowadays to set this literature aside, except for an occasional masterpiece of social interest, such as the novel of the Cuban Cirilo Villaverde entitled *Cecilia Valdés*. It was published in 1882 in New York, where the author came to live in exile. It was recently translated into English. This period of history can be followed through in the current autobiography of the aged Esteban Montejo, born in Cuba of African parents, as told to a young Cuban writer, Miguel Barnet. This book has also been recently translated. Its ethnic authenticity is somewhat impaired by the heavy hand of the second author, Miguel Barnet, writing Montejo's oral recollections under his own political tutelage.

The same spirit of ancestral ethnic identity is brought out in two novels of Alejo Carpentier, born in Cuba of French and Russian parents. In one, *Ecue-Yamba-O,* the author portrays life among the poor in a country village near a plantation. The theme is one of ignorance, poverty, and personal rivalries, sustained by a religion based on ancient African beliefs superimposed on distorted concepts of Catholic faith. The author succeeded in demeaning the characters in this naturalistic style of heavy and inescapably deterministic atmosphere, a style the author later abandoned. The footnoting explains the religious cult, which seems to miss the dignity of both the African and Christian beliefs. The added observations and commentaries of a sociologist would be welcomed at this point and would bring out an interdisciplinary approach for class discussion. The other novel of Carpentier, *The Kingdom of this World,* is written in the style of magical realism (on which I will comment shortly) and portrays the life span of a Haitian as he endures the harsh rule of French, Black, and Mulatto domination in a succession of governments in his native land.

Trying to be as simplistic as possible by giving examples within the Caribbean area, I have touched upon three issues affecting the definition of ethnicity: authors and race, race and nationality, myth and religion. None of these issues *per se* are definitive or binding, but they should be considered in this discussion. Ethnicity as such is defined as that which is characteristic of a people, with respect to ancestry, religion, customs and linguistic tradition. In Spanish and Portuguese histories of literature no particular effort has ever been made to classify authors by race. Haiti may be individually singled out by race, but then also by language. Brazil forms a cultural and language unit within the Latin Continent. Among the Spanish-speaking people, there is no issue of race with reference to literary production unless to single out some author in special literary and cultural praise. However, it is admittedly difficult to say how much White authors in general have succeeded in painting the true Black identity. The response to this would come from Black student judgment in classes and seminars, but again, somewhat from the outsider's point of view, since it would be the American judging the Latin American. Absolute truth and absolute judgment is an idealistic quest, but certainly the search and effort would produce a very interesting class.

The style of contemporary novelists who happen to be White

and who write about the Black in historical novels, tends to be romantic even in the twentieth century, and so they exalt their protagonists to heroes. Reality in such works can be gleaned from scenes of customs and manners. Other authors tend to push the vindication of the Black people, and their literature becomes somewhat strident. They write as if still under the influence of the old nineteenth century school of naturalism, achieving really a negative impression with their forced style of pathological determinism. A given novel, moreover, may have strong anti-yankee feelings, and the Black subject is used for the benefit of the author's personal political vindication. There is a new approach in literature to ethnicity through the style of what is termed magical realism, which can be applied both to the Black and the Indian in Latin America. It depicts the interplay of religious myths and spirits in nature as both an explanation and a way of life. This trend or style deals with the marvelous in nature (and I am avoiding the term "miraculous" associated with Christian religion). In an ethnic sense, magical realism considers nature as the source of providential acts. This literature becomes highly stylized and poetic. It can also seem somewhat obscure to the average person not familiar with ancient African and Indian cults and beliefs. Here is where the anthropologist and the sociologist can in turn contribute to class discussion. Magical realism is the expression of multifaceted beliefs. It may imply a psychological state of mind. In the presence of unusual phenomena, the visionary and deductive spirit will try to explain atavistic issues and unusual realities. This is a poetic and awesome aspect of magical realism dealing with the ethnic aspect of the Black and the Indian. There is also another aspect of magical realism which delights in the absurd for satirical purposes, at times with an ultimate, corrosive, political undermining.

Black ethnicity has not been fully defined in Latin America. Curiously enough, in Spanish-American literature, very little interest has been shown toward the Black people as a group, whereas the Indian subject is very strong in the novel, in poetry, and in the essay, and thereby quite popular with the students. On the other hand, Black poetry as an elite subject at graduate level has been studied and admired for its ethnic interest and literary merits. Black poets have shown great strength in speaking out, at times with civic pride, and then again in their own folk ways. Only a Black poet would dare speak about himself with more humor than pathos. In that particular instance one would have an absolute value of Black ethnicity. Black ethnicity in Latin America has not been outlined into a classical set of values. This is said not as a way of avoiding a clear statement but as a means of pointing out that in ethnic matters, ancestry may not be more significant than nationalities, and within those boundaries, political and economic issues may turn out to be the strongest cohesive elements. Some may deny this and insist on religious and mythical beliefs as a common denominator to ethnicity. Related to ancestral religion, there is a strong ethnic element in instrumental music, song, and dance. All this brings up a pertinent question: Would an awareness of the common bonds of ethnicity eradicate national boundaries? As an answer it might be interesting to look at another Latin American ethnic group, the Mexican Indian, and ask ourselves, "Was Juárez Indian or Mexican?" Ironically enough, sometimes ethnicity is seen when it has been assimilated into another culture. Afro-Latin dance and music stand out as ethnic contributions universally enjoyed.

Music and dance do not exceed the boundaries of literature. In Black poetry, both have a tremendous power. In Black poetry there is a third element involved, the linguistic mixture. Black rhythm and folk language have given poetry a new dimension, the Black expression. It is a pity that in a course in translation one should have to miss that ethnic dimension. These elements are untranslatable. Black poetry is then appreciated through thought and feeling exclusively when studied in translation and thus the poetry loses a good bit of its ethnic value. However, we are still dealing with an ethnic aspect in the translated genre as far as the American student is concerned: the subject matter.

Some initial cultural patterns have lost their significance by circumstantial changes, as in the case of ancestral religion. The loss of the African elders as inspirational guides and the subsequent amalgamation of African religious images with Christian ideology resulted in practices peculiar to the New World. The subject should be mentioned since Afro-Latin cults are often depicted or referred to in prose and poetry as a regional folk characteristic.

Having defined what is meant by Black literature and the ethnic issues to be considered on the subject, let us turn to the pedagogical approach for a course in Black literature in Latin America. Since the course is in translation and an interdisciplinary approach was recommended, the first question to be answered is who would be best qualified to teach the course. There are at least four languages involved: Spanish, which covers eighteen Spanish-speaking countries and a commonwealth; Portuguese, which covers Brazil, with its rich literature and its own history and social evolvement; French, the language of Haiti, a land unique in its history and literature; and English among the Lesser Antilles. Although a social and historical background should be a constant point of reference in the course, the literary analysis and interpretation that the course exacts would favor an instructor in literature as first choice. The second choice, in view of the background factors of this course, would be an instructor in Latin American history branching out into Latin American literature in translation.

The second question to be considered would be the period covered in the course and the third, the matter of textbooks. One would assume that since the definition of Black identity in Latin America is of prime interest, the period of literary study would start in the late nineteenth century and extend to the very present. This contemporary aspect immediately suggests that the course may be used as a testing ground for recent publications. The nineteenth century would absorb the lesser portion of the semester with at least three quarters of the semester devoted to twentieth century studies. There are few translations of the nineteenth century literature, a period which, in any event, is very often covered by the literature of the twentieth century. The initial classes could be bolstered by lectures on historical background. The alternative, and perhaps a more favored one, would be to start with contemporary literature with flashback references to an earlier period through the literature itself and document the course by collateral readings in history. The program lends itself to flexibility as a challenge to the instructor.

Sufficient texts in translation are available to satisfy a semester's work. There is the choice of drawing the interest of the student through a cross section of literary masterpieces in all three languages in translation plus English and leaving the more detailed study of a particular country, such as Brazil, for an advanced course beyond this initial one. As previously stated, it would not be at all necessary for the students to know the languages of the literature studied. This would eliminate a tedious effort even for those with some high school knowledge of languages but who are not majoring in languages, and the whole point of the course is to open a new field in the Humanities to all students on a basis of cultural interest. Novels have always been the most popular works for the translation market. Black poetry has been translated, with the reservations mentioned: not all of the poetry can be translated and if the attempt is made, the folk inflection is lost as well as the musicality of Afro-Latin refrains. This brings us to a word of caution: since thought is readily translated, a text in Black poetry may be presented in such a way that the preponderance of the poetry is politically oriented, in which case the issue of propaganda is stronger than the value of its literary expression, marring the ethnic profile. This is a very delicate issue, since literary merit is balanced by varying proportions of human interest, style, and subject matter, and the last element mentioned should never override the first two.

The essay may be one of the more difficult genres to find in translation. On the other hand, it is the easiest to transmit, since the material can be referred to and discussed in class from notes. The reading knowledge of the instructor is sufficient and the genre would still serve its purpose in class. The essay should be coupled with historical chapters of ethnic interest. The theatre is the most difficult genre to cover. Research needs to be done for plays of Black identity, more so in translation.

An equally desired goal, parallel to class instruction, would be the structuring of a critical and annotated anthology in translation of Black literature in Latin America. There is the added challenge of preparing other texts for more specialized courses, such as bilingual anthologies.

The selection of texts pending such anthologies may be flexible and left to the discretion of the instructor. Whatever is emphasized, a cross section of literary production or geographical areas, the course will fulfill its twofold objective: to bring out an ethnic profile from the social ways, needs and aspirations expressed in the literature, and to make the student sensitive to the literary trends and literary merits of the works studied.

This course is in essence attuned to the times of cultural pluralism, of overriding language barriers and national boundaries in search of identity. The study of Black literature here should seek out this identity from various social stages in the transition of time, from one or more ideological points of view, according to the intention of the authors involved, and through at least four major cultural and literary traditions. This will stimulate introspection and objectivity, observation and evaluation, understanding and acceptance, all valuable processes in the goal of education and enlightenment. With respect to the overall relevance to academic goals, Black Literature in Latin America is planned for the enrichment of the undergraduate program by enlarging the scope of humanistic studies and bearing in mind ethnic cultural interests. It might be well to add that the course would provide an incentive of fresh fields of research for the faculty involved and the fellowship of an interdepartmental exchange of lectures, as will be pointed out presently.

Within the Humanities, several departments could offer the course: A department of Afro-American Studies, a department of Latin American Studies, a department of Modern or Romance Languages, or a department of Comparative Literature. In the first one mentioned, an instructor who has researched American Black literature could expand his field to include foreign Black literature. In the second one listed, an instructor in Latin American history with some training or interest in Latin American literature could prepare the course. In any of the departments of literatures the instructor's background would be sufficient for him to endeavor teaching the course. To secure the interdisciplinary interest in addition to the initial broad social, historical and literary basis of the course, interdepartmental faculty exchange could be worked out in the spirit of visiting lecturers a number of times a semester. The departmental faculty member so favored by the exchange would reciprocate in turn by lecturing in some aspect of his field in other departments, thus stimulating among faculty members new perspectives of research and self-awareness in relation to other departments. In the future, new contracts might be given out with clauses that might indicate a possible request for some interdisciplinary lectures a year, thus stimulating a broader scope of lecture and publication for the faculty member. This would not negate the lending out of faculty to another department with a course load reduction, where the faculty, instead of doing research, would be teaching out. However, the benefit of the programmed courtesy lectures would still be the best suggestion.

To summarize the issues and terms for a course in Black Literature in Latin America in Translation with interdisciplinary credit in the Humanities, it might be well to reiterate its merits. The course would be a permanent sophomore offering to serve as an introduction to Black foreign literature within the initial literary traditions of the Spanish, Portuguese, French and English cultures. The course would awaken literary appreciation and would seek to define Black ethnic identity within the study of these literatures in a social and historical frame in the Caribbean and in Central and South America. By giving it an interdisciplinary interest, the course might very well serve as a stimulus to pursue further studies in Black literature and Black culture related to sociology, history, anthropology, and linguistics. It will undoubtedly bring an understanding of fellowship towards the Black peoples of the Americas. With the broad cultural spectrum in which Black literature would be taught, the course should serve to complement any major program in related fields of social studies, or, as an elective, in a non-major program as well. The interdepartmental faculty exchange system based on programmed courtesy lectures rather than on course load reductions for transference to other departments, saves complex budget modifications in which a number of departments would be involved. The interdisciplinary orientation of the course can be handled to a great measure by the instructor himself, so that the complement of a small number of related lectures by visiting faculty would be sufficient. The system would challenge the faculty to an interdisciplinary approach to teaching, create new and broader research interests, and even stimulate interdepartmental cognizance of faculty, which would be a very worthwhile by-product of such a program. These, in effect, would be the academic advantages and programming of a course in Black Literature in Latin America in Translation with interdisciplinary credit in the Humanities.

October 1974

XIII

Caribbean Research Sources in the American Geographical Society Collection of the University of Wisconsin-Milwaukee Library

Appeared in an abridged form in *Caribbean Review*, Vol. IX, No. 2
(Spring 1980), p. 52, under heading "Caribbean Library" and
indexed as "An Important Library on the Caribbean."
Appeared edited in *Revista/Review Interamericana*, Vol. IX, No. 4
(Winter 1980), pp. 568–601, as "Caribbean Research Sources in the
American Geographical Society Collection."
The selection here is that of the *Revista/Review Interamericana*.

Caribbean Research Sources in the American Geographical Society Collection

In the summer of 1978 an outstanding event took place at the University of Wisconsin-Milwaukee that concerns all scholars in the broad field of the social sciences: a national treasure, the entire collection of the one hundred and twenty-seven-year old American Geographical Society Library was relocated to its new center, the Library of the University of Wisconsin-Milwaukee. This significant acquisition was effected under the leadership of Mr. William C. Roselle, Director of the Library. My purpose is to outline the wealth of the Library of the American Geographical Society and to emphasize the value of its unique feature of analytic cataloguing for those engaged in research.

Before dealing with the particulars of analytic cataloguing and Caribbean resources of the American Geographical Society Library, it may be well to state the salient features of this outstanding collection. The acquired AGS Library is the largest privately owned geographic research collection in the Western Hemisphere. It con-

---

DR. MARGUERITE C. SUÁREZ-MURIAS, Professor of Spanish at the University of Wisconsin-Milwaukee, delivered these comments at the fourth annual meeting of the Caribbean Studies Assocation held in Martinique May 28–30, 1979.

sists of 184,000 volumes, 350,000 maps, 33,000 pamphlets, 5,500 atlases, 45,000 photographs, and 67 rare and special globes. Among its priceless treasures are found the map of the world drawn by Giovanni Leardo some forty years before the voyages of Columbus, a 1478 edition of Ptolemy's *Cosmographia* on vellum, and Mercator's 1538 double cardioform map of the world. It also includes 16th and 17th century accounts of European exploration in the New World, and books brought to light by such well known early printers as Christopher Plantin. These treasures enhance the AGS collection, one of the oldest and finest research collections of its kind in the world. This collection is now the property of the University of Wisconsin Board of Regents. The Library contains research resources that range from Commodore Perry's Arctic travels in the era of U.S. exploration to present-day environmental concerns. It contains a collection of maps which reflects the development of cartography in virtually every continent, geographical area, and country. It must be remembered that the American Geographical Society was founded in 1851, when it became known as the American Geographical and Statistical Society, until 1871. It was modeled at the time after the Royal Geographical Society in London, and its function was to aid merchants and explorers in a period of national and international growth. The Society changed with the times. From the interest of Arctic and Antarctic explorations, the American drive West and African ventures, it has turned to closer concerns of urbanization, population, and ecology. For the concern of researchers, the AGS Library maintains a high ranking with its holdings of geographical periodicals. This includes its own *Current Geographical Publications,* a monthly bibliographic guide to new additions of the AGS Research Catalogue. The AGS Library collection now complements the standard University Library collection of a million one hundred thousand volumes and five hundred thousand microforms.

An invaluable asset of the newly transferred AGS Library, now renamed the American Geographical Society Collection at the University of Wisconsin-Milwaukee, is a research unit with an extensive research catalogue divided into five parts: dictionary, similar to the standard library catalogue, topical, regional, map, and author. The cataloguing is done analytically by area, topic, author, publisher, and cartographer or engraver. The advantage of the analytical over the regular cataloguing is evident: the compilation of sources is ready for the researcher. The Library maintains a code number for each of the above classifications, so that a person inquiring for articles of a particular topic or region would find his research classified in advance. Should someone inquire in what periodicals an author has written on a particular subject, his research is already on file. Cataloguing analytically is a time-saver for the researcher who thus does not have to glean his material from a standard dictionary catalogue or from stacks of periodicals. Maps are not usually catalogued in the American library. Even the Library of Congress does not have a completely catalogued map collection; only 4% to 5% of maps are catalogued. The AGS Library has 350,000 maps completely catalogued analytically. There are three cards for each map: an area card, a subject card, and a card for either the publisher, editor, or cartographer of the map. The AGS Library catalogues maps in books and periodicals. Nobody else does that. In the Soviet Union and in Germany they do, but only when nationally or linguistically related. The AGS at the University of Wisconsin-Milwaukee will continue its task of covering the whole world of maps.

The subject of cartography must be considered in its fullest and richest implication for the topics it embraces. Its topical essence makes it relevant to fields of history, anthropology, economics, science, in short, to any discipline that can visually express its data on the map of the earth in relation to time. These facts an analytical research librarian can classify for immediate use. The card of a map is considered first by region in chronological order, then by subject or topic. The subject matter may range from types of houses in South Asia to pioneer landmarks in the U.S. Now map cataloguing includes extra-terrestial cartography as well, such as planet climatology. One should remember that cartography, in its visual data exposition, can deal with religious geography, cultural geography of customs and folklore, just as well as with the physical aspects with which we are more accustomed to associating maps. Historically speaking, the AGS has a balanced collection of 350,000 maps, 5,500 atlases and 67 rare and special globes. Its rare collection has already been noted. Again, the subject of geography is so broad that the American Geographical Society Collection includes some of the most beautiful enlarged photographs of the American West taken during the survey expeditions that took place between the years 1867–1870.

Entries in the card catalogue under the regional topic of the Caribbean afford a substantial source of preparatory research for present-day scholarship. Within the initial topical region of the West Indies, we find references to prehistoric archeology, the prehistory of the West Indies, the early man in the West Indies. Entries on history show the Caribbean as Columbus saw it, land settlements, accounts of the West Indies (in particular, Martinique in the 1660's), and ultimately, the ties and independence of the West Indies with respect to the motherlands. On cultural anthropology, there are entries on West Indian family structure, West Indian culture, and special and diverse articles such as the West Indian hip-roofed cottage and studies in voodoos and obeahs. Entries in linguistics reflect the diversity and wealth of the Caribbean, a field still open to greater research studies. In demography, population movements, population growth, demographic problems of the Caribbean area, race and stratification in the Caribbean, all form part of the general sociologic and demographic research papers. The entries on economics cover the Caribbean economic development, West Indian economics based on input-output studies, soil and land problems, the economics of agricultural use and development, plantation economics, land tenure, the sugar industry, and present-day concerns such as the food front, development and welfare, petroleum, and tourism's potential for contributing to economic development in the Caribbean. Geology offers a wide range of topics, starting with the geological history of the Caribbean, geological structure of the Antilles, plate tectonic evolution of the Caribbean, and, of course, the transactions and reports of the Caribbean geological conferences. Papers on climatology include the standard topic of hurricanes in the West Indies, forecasting problems in the intertropical convergence zone, reference bibliographies on climatology and physical/chemical oceanography, and transactions of conferences on climatology. The American Geographical Society Collection, under the general topical region of the Caribbean area has entries also on tropical and geographical medicine, on ecology, and on the flora and fauna of the West Indies. Finally, the rich map collection of the Caribbean area should be consulted with reference to all topics mentioned above. The general maps of the West Indies in the AGS Collection are entered historically by dates. They begin with the tracks of the flagships of Columbus, and continue with the Caribbean explorations and colonizations from 1492 to 1543. The 16th and 17th century map entries in the Collection show publishers in Leyden, Antwerp, and Amsterdam, whereas the 18th century entries indicate mostly London and a few with publishing houses in Nuremberg, Paris, and Seville. In the 19th century, the map entries now reveal publishing houses in Baltimore, Philadelphia, New York, and Washington, D. C., as well as Paris, Brussels, Edinburgh, Berlin, and Madrid. These maps are not only historically interesting, they are also beautifully executed in detail and color. Some are very curious, such as the map of the West Indies from the edition of *Décadas de orbe novo*, of the Spanish humanist Pedro Mártir de Anglería (1459–1526). Other maps are of purely historical interest, as the map of the Caribbean after the treaties of Utrecht in 1713, Paris in 1763, and Versailles in 1783. Modern maps range in interest from a 20th century international expedition to the West Indies to the quaint map showing the principal feeding grounds, major nesting beaches and former nesting beaches of the turtles of the Caribbean. In short, modern maps may refer to flora, fauna, climatology, geology, sociology, agriculture; specifically, they may be tectonic maps of the Antilles, or bathymetric charts of the Caribbean Sea.

Viewing the American Geographical Society Collection as a whole, or in any particular field, one can surely say that the pride of the AGS Collection lies in its map resources and in its analytical cataloguing. The Collection serves a world of interests and beckons the scholar to further research, perhaps to add to the great Collection the results of some of his own investigations and case studies in the field of Caribbean Studies.

XIV

Una visita a *La Caverna del Humorismo*

Appeared first in *Explicación de Textos Literarios*, Vol. VIII, No. 1
(1979–80), pp. 59–66.

Una visita a *La Caverna del Humorismo* (Baroja)

Pío Baroja publica sus teorías sobre el humorismo a los cuarenta y ocho años de edad. "Amigo, ¿qué quiere usted? Todos los escritores tenemos un ciclo parecido, y vamos tarde o temprano, a pasar por el signo del Zodíaco. Yo he pasado por el de la novela, el del cuento, el de la crónica y el de la autobiografía. Ahora estoy en el de las teorías estéticas."[1] Intitula la obra *La Caverna del Humorismo*. La concluye en septiembre de 1919. Por ser expresión ideológica de Pío Baroja, es una de las obras más personales del autor, y dentro de ese orden de reacción ante el mundo que lo rodea, presenta una curiosa relación con el arte del nuevo siglo en su ubicación. Es decir, Pío Baroja aprovechó la moda artística de la época para su escenario y de allí partió con intención de definir el humorismo por el camino de su propia intuición.

Se ha señalado a Baroja como un autor objetivo, que ve las cosas "a la distancia", valiéndose de su humorismo como otra forma de perspectiva hacia el mundo. Es una posible opinión en cuanto a sus novelas,[2] pero al referirse uno a sus ensayos críticos, el personalismo de Baroja es ineludible y su relación con el lector, estrechísima. Su crítica es la proyección total de su persona. El calificativo *agrio* que utiliza él mismo para describir su modo de ser y su estilo,[3] ese negativismo ideológico y estilístico que ha sido objeto de estudio,[4] queda compensado en *La Caverna del Humorismo* por la nota festiva de su apertura y las intempestivas humoradas de Baroja en el supuesto análisis del humorismo. En rigor, Pío Baroja sigue la tendencia personalista de los ensayistas de la Generación del 98 (ciertamente la de Azorín y Unamuno). En el caso de *La Caverna del Humorismo*, Pío Baroja une el ensayo a la narración novelesca, dándole a la apertura de esta obra una escenificación dramática. Así al final de una obra dedicada en principio a la exposición de teorías estéticas, nos damos cuenta de que imperceptiblemente el ente barojiano, que por su diario de conferencias lleva el tema de la obra, ha ido creciendo en espíritu hasta dominarla totalmente.

La Caverna del Humorismo empieza con tres Dedicatorias, un Prólogo y una Introducción. En su forma polifásica, la obra pasa de un diálogo inicial de comedia a la crítica literaria (en forma de conferencias), se extiende en ilación anovelada, sigue con una multiplicidad de ensayos breves, y se renueva por último en la crítica política, hasta concluir con la ida del ente barojiano, el doctor Guezurtegui, negativista e intranquilo, autor de una *Memoria* que ha sido fuente, en fin, de los datos de *La Caverna del Humorismo*. A pesar de este fluir al azar, espontáneo, de más de trescientas páginas, la obra mantiene su unidad por medio de la personalidad del autor, quien interviene como relator y crítico y a quien reconocemos en la figura del doctor Guezurtegui. Respecto al título de la obra, debemos señalar, como lo hace Pío Baroja, que el doctor Guezurtegui había llamado primero a su libro *La gruta-museo de Humour-point*, después *In humorismo veritas*, más tarde *La Espelunca del Humor*, y por último *La Caverna del Humorismo*, habiendo reconocido Pío Baroja este último por parecerle el menos extravagante y el más platoniano.

Al entrar en la caverna del humorismo, se nos presenta un cuadro con elementos de magia, escenificación cinematográfica, galerías cambiantes, paisajes extravagantes, todo ello propio de un expresionismo vanguardista, que constituye el poderoso decorado del museo-gruta de Humour-point en la costa de Albión. Es éste el punto de partida para la larga y curiosa exposición de teorías estéticas, literarias y éticas del autor.

Sería vano insistir en la clasificación y valoración de las ideas de Pío Baroja en esta difusa obra, en la que, por cierto, nunca se llega a precisar lo que es el humorismo. No hay sistema para ello.

O mejor dicho, hay sólo un sistema, el barojiano, el del azar, "marchando, pues, a la casualidad", contrastando conceptos "para ver cómo responden". Tendríamos que seguir a Pío Baroja y decir con él: "Con permiso de Madama la Ciencia hay que entregarse, pues, al impresionismo" (p. 51). Evidentemente, si el entablado inicial de *La Caverna del Humorismo* tiene un decorado expresionista, también la lógica ha sido reemplazada por el impresionismo. Este impresionismo no es exclusivamente reflejo de una novedad literaria inmediata, sino un procedimiento vital de Pío Baroja que aplica él a su obra en general. Es un impresionismo del cual tiene ocasión de quejarse Ortega y Gasset: "El procedimiento excesivamente impresionista que sigue Baroja en la propia vida, lo mismo que en sus novelas, dificulta mucho la comprensión de una y otras. No se presenta nunca el objeto al lector, sino sólo la reacción subjetiva de él. En la lírica es esto posible. En una novela o en una teoría es fatal."[5] No obstante, en este método impresionista, yendo a la deriva, por intuición y no por raciocinio, reduciendo lo establecido al absurdo por relatividad y contraste, vemos características que corren paralelas a ese arte nuevo, ultramontano, de principios de siglo, que presagia un surrealismo europeo. En estas décadas iniciales del arte moderno, intereses de común ideología y gustos unen a escritores y artistas. En España la vanguardia se destaca en el campo del arte. En tono menor, un aspecto del arte nuevo de esta época se manifiesta en las exhibiciones de arte humorista y decorativo en los Salones del Humorismo en Madrid y Barcelona a partir de 1914.[6] La apertura de *La Caverna del Humorismo*, su escenificación, también recuerda muchos aspectos de esta moda.

El humorismo en la obra se inicia en las tres dedicatorias, las cuales, no sólo por su contenido sino por el número de ellas, reducen este resorte literario al absurdo. La primera dedicatoria está dirigida "A una joven lectora". A la "encantadora amiga" se excusa el autor de no poder escribir "notas sentimentales", explicándose en estos términos: "Mientras vea usted en mis libros — usted dice que los lee— un seño adusto, un gesto de rabia, el puño levantado en el aire con cierta furia, piense usted que todavía me queda alguna juventud; cuando me vea usted entrar de lleno en la balada, rece por mí el DE PROFUNDIS, si esto se reza, que estoy muy poco enterado de esas cosas" (p. 8). Habiéndole puesto el sello a su obra, se despide Baroja: "Ya sabe usted, amable sirena, aunque pagano, es de usted muy devoto, EL AUTOR" (p. 8).

La segunda dedicatoria, "A un joven literato", también es en tono de burla. Se excusa el autor de no hacer el libro "con verdadero rigor científico, con el rigor científico de un sabio alemán". Teme haberlo hecho con "la gárrula palabrería de un político español". Duda si debiera escribir este libro y no otro. Se encoje de hombros: "¿Qué quiere usted? . . . Hay que conformarse con el Destino, que ahora marca el momento de las teorías estéticas" (p. 9).

La tercera dedicatoria es para la crítica y está dirigida "A un cometólogo influyente". Repara el autor: "Como la crítica severa no permite siempre a los fabricantes de cometas que sus pequeños artefactos suban al aire si no están construidos conforme a las reglas de la cometología, es muy posible que ésta, que yo intento elevar con el título de *La Caverna del Humorismo*, ustedes los cometólogos conspicuos no le den su sanción ni su beneplácito" (p. 10).

El Prólogo que sigue a las dedicatorias pudiera considerarse en su primera parte como una burla al institucionalismo académico. En él, Baroja puntualiza que los datos de *La Caverna del Humorismo* han sido tomados de la *Memoria* o relación de viaje del doctor Guezurtegui —catedrático tan poco respetuoso, que enviaba sus comunicaciones a la universidad que lo había comisionado, al dorso de las facturas del hotel o en los prospectos de los "music-halls". Vale señalar que la *Memoria* había quedado en la biblioteca de la universidad por no querer publicarla el claustro, pero que ahora, a instancias de Videgaín, un amigo pintor del catedrático, y "gracias a la diligencia del director de la Sociedad Editorial para la impresión de los trabajos científicos y literarios perfectamente inútiles", se presentaba la obra al público.

En la primera parte del prólogo se establece el móvil dramático de la obra: unas semanas antes de estallar la guerra del 14 hubo una expedición de turismo científico al Cabo Norte en una embarcación llamada Pez Volador o *Flying Fish*; de regreso, al tocar en Inglaterra, parte de la expedición fue detenida por sospecha de espionaje e internada en un campo de concentración próximo a la costa. En la segunda parte del prólogo se enumeran los miembros de la expedición como personajes de una comedia bufa: tipos vascos, escandinavos, escoceses, señoras alemanas con sus hijas, profesores alemanes y rusos. El doctor Guezurtegui, "escéptico trascendental", es clasificado de farsante por "un modernista con melena" porque lleva barba y anteojos y hace hablar a un doctor Illumbe, "una entelequia que le sirve de cabeza de turco". Estos y el apacible Videgaín, amigo del doctor Guezurtegui, representan la familia intelectual barojiana de la obra.

En la introducción que sigue al prólogo, cuatro miembros de la citada expedición visitan al anochecer una gruta marina cerca del promontorio de Humour-point. Aquí comienza la escenificación suprarrealista de la obra. La lancha que los ha llevado, al arribar, desaparece como por encanto. El doctor Guezurtegui decide que hay que hacer un conjuro. Abre su guía de pasta roja y lee en alta voz. Entre chispas eléctricas y resplandores sulfúreos, aparece una figura delgadita, vestida de frac y corbata blanca. Anuncia que es Chip, el cicerone de la caverna-museo de Humour-point. Dice que es un poco gnomo y un poco diablo, que su nombre verdadero es Chipi, aunque algunos le dicen Chiqui, y que uno de sus antepasados estuvo empleado en la cueva de Zugarramurdi hace cuatrocientos años, cuando aún se creía en la brujería.[7] Chip hace una disertación espeleológica, haciendo notar a los turistas que la caverna de Humour-point es una caverna confortable, con calefacción central, convertida en museo del humorismo. Es la última perfección de la ciencia y de la industria humana. Tiene una ventana abierta a todos los tiempos, geografías y estaciones. Los turistas se quedan pasmados de ver tanta diversidad de paisajes geográficos y de tiempos históricos. Chip les muestra más adelante las decoraciones de lugares conocidos de Italia y las figuras y tipos célebres de París y Londres. Luego siguen al centro de la gruta donde está la sala de la Gran Locura Humana, "donde todo es confuso y sin sentido lógico" (p. 32). Allí la luna tiene cara humana, las nubes tienen forma de ballenas, leones y cocodrilos. Por todas partes aparecen diablillos y duendes burlones y brujas paseándose en escobas. Los muertos van navegando por un río de sombras en sus ataúdes, mientras que por encima de ellos vuelan mariposas blancas y negras, que son sus almas. Cubre el campo una flora siniestra de eléboros, estramonios, mandrágoras antropogénicas y otras plantas y hierbas venenosas utilizadas en la brujería. Bailan en este aquelarre toda clase de espectros y se cuentan en unas vitrinas todos los ídolos y fetiches desde Apolo hasta el Mumbo-Jumbo africano. Hay además un estanque donde juegan sirenas, ondinas y tritones. La fauna es igualmente cabalística y caótica: caballos que saben multiplicar y extraer raíces, lagartos que sirven de espías, asnos que saben curar la tos ferina. En este cuadro de la naturaleza absurda "están los hombres absurdos, los iluminados, los adivinadores de fantasías y naderías, los que encuentran una solución para la cuadratura del círculo y el movimiento continuo" (pp. 33–34).

Lo mágico, la multiplicidad instantánea de tiempos y lugares, el expresionismo pictórico, el cabalismo folklórico, la aglomeración absurda, todo ello forma un *collage* de temas antiguos y arte nuevo en el entablado de *La Caverna del Humorismo*. Sin insistir en antecedentes literarios sobre magia, locura, manuscrito, caverna, veamos ciertos paralelos entre el arte de la época y la escenificación en la obra de Baroja.

En la convivencia de las artes en las dos primeras décadas del siglo veinte en Europa, se desarrollan conjuntamente, sobrepasando al impresionismo en el arte: el *fauvisme,* con su triunfo en la exhibición de 1905 en París,[8] el expresionismo centrado en Alemania, reconocido desde 1912,[9] el futurismo en Italia y Francia, desde 1909,[10] cuyo manifiesto tradujo Ramón Gómez de la Serna en 1910,[11] el cubismo, a partir de 1908, en Francia y España,[12] representado con mayor consecuencia en España, y el dadaísmo, propagado entre 1912 y 1923,[13] especialmente en Francia como balbuceo del surrealismo.[14] En la efervescencia de creación artística y de manifiestos ideológicos que marcan las primeras décadas del siglo XX, Andrés Bretón aclaró en su revista *Littérature* que el cubismo era una escuela del arte pictórico, el futurismo, un movimiento político y el dadaísmo, una actitud.[15]

Pío Baroja manifestó su conocimiento de una nueva orientación en el arte de fines de siglo en su ensayo *Hacia lo inconsciente,* de 1899. Aunque en la última observación del ensayo remata negativamente lo afirmado (típico gesto barojiano), siempre queda una frase interesante: "El arte actual nace de lo subconsciente e impresiona también lo subconsciente."[16]

El incipiente surrealismo que se va centrando en Francia acepta fuentes mágicas y esotéricas asociadas a mundos síquicos.[17] En el juego de *La Caverna del Humorismo*, Chip tiene su razón de ser como expresión síquica, reveladora de múltiples realidades. En el museo de Humour-point, el resorte de la ventana mágica que proyecta vistas cambiantes, tiene su paralelo en la nueva moda de vistas proyectadas en la pantalla del cine. En las conferencias de Humour-point, Baroja utilizará la pantalla para representar un desfile de humoristas que llama "una mascarada en cinematógrafo". El arte de vanguardia se asocia con los mundos creados por la cámara fotográfica. Como dice un crítico de la época, "la butaca del cine es nuestro Clavileño de madera."[18] En la sala de la Gran Locura Humana se pueden precisar más analogías. Aun considerando la zumba barojiana, la representación disyuntiva de la luna y las nubes, ¿no remeda un collage dadaísta? Los muertos que navegan por el río de sombras, pese a las evidentes reminiscencias literarias, ¿no formarían parte de un futuro cuadro surrealista? La representación del aquelarre, donde bullen plantas y animales cabalísticos, ¿no produce el efecto de un mundo onírico? El caos de los espectros, ídolos y fetiches, si parte de ello es también folklórico, ¿no causa el mismo efecto nihilista que lo absurdo en el arte? La burla de los inventores y del mecanicismo, ¿no será la burla barojiana de los futuristas?

Se notan otros paralelos con la moda artística de la época. El museo de Humour-point tiene cierta correspondencia con las exhibiciones de los Salones del Humorismo en España. Cuando Pío Baroja redacta *La Caverna del Humorismo* estaban en su apogeo. Según José Francés y Sánchez Heredero, organizador y cronista de estos salones, la Primera Exposición de Humoristas se celebró en 1914 en el Salón Aller de Madrid. La segunda tuvo lugar en el Salón de Arte Moderno en 1915.[19] Al año siguiente se inauguró en Barcelona un Salón de Humoristas y aun otro en Reus, Tarragona.[20] Las exposiciones en Madrid tuvieron mayor éxito cada año. En el III Salón de Humoristas en 1917, figuraron en la Galería General de Arte 400 obras entre caricaturas, dibujos decorativos (*art nouveau*) y esculturas humorísticas.[21] En Barcelona hubo una segunda exposición de humoristas en 1918. En Madrid se había celebrado ya el IV Salón de Humoristas en el local de Exposiciones del Círculo de Bellas Artes. Se anunció con el subtítulo de Artistas Decoradores. Concurrieron 134 expositores, presentándose 406 obras: caricaturas, dibujos decorativos, esculturas humorísticas y muñecos caricaturescos y regionales.[22] El V Salón de Humoristas se celebró en el local del Círculo de Bellas Artes en Madrid, en marzo de 1919, siendo de igual género y magnitud que el anterior. Señaló el V Salón "mayor desenvolvimiento del juguete artístico, de escultura caricaturesca con caracteres puramente raciales e idiosincrásicos."[23]

Es evidente que el tema del humorismo español y la caracterización de tipos estaba en boga en el arte a partir de 1914. A Pío Baroja por su parte le atraía la caracterización impresionista. Su sobrino Julio Caro Baroja lo anota así en sus memorias de familia: "Para mi tío lo principal no eran ya ni los libros, ni los pueblos, ni las regiones, ni las naciones, ni las ideas: lo principal eran las personas, los individuos, los hombres o mujeres como tales. Lo mismo le daba que fueran ricas que pobres, cultas que incultas. La cuestión es que tuvieran algún rasgo enérgico o característico. Y era maestro en encontrarlos y destacarlos en el lugar más insignificante en apariencia."[24] Sin descontar esta afición de Baroja a esbozar tipos interesantes, en *La Caverna del Humorismo*, con excepción de la figura del doctor Guezurtegui, el ente barojiano, y su compañero, el afable paisajista Videgaín, los personajes tienden a ser caricaturas apellidados según su temperamento y nacionalidad. Pío Baroja también esboza otros tipos en los ensayos y narraciones de *La Caverna del Humorismo*, sacados incidentalmente de la vida bohemia de la época.[25]

Así como en Francia existía una estrecha relación entre poetas y artistas, quienes compartían y complementaban sus teorías estéticas, en España sucedía algo parecido. A Ricardo Baroja, paisajista y hermano de Pío Baroja, le debemos la detallada lista de artistas y escritores de gustos "modernos" que asistían al célebre Café de Levante en Madrid, de 1903 a 1916: Pablo Ruiz Picasso (en su época cubista), el impresionista Zuloaga, Matisse (principal figura del *fauvisme*), Diego Rivera, etc., y entre los literatos, Pío Baroja, Azorín, Valle Inclán, los dos Machado, Alberti, Rubén Darío y otros. Valle Inclán llegó a decir muchas veces (añade Ricardo Baroja) que el Café de Levante había ejercido

más influencia en la literatura y en el arte que dos o tres universidades y academias.[26] El gusto de Pío Baroja por el arte se mantuvo dentro de los
límites del impresionismo; según su sobrino y biógrafo, Julio
Caro, consideraba aquél que toda pintura posterior al impresionismo era "una pura estupidez".[27] El escenario que prepara Pío
Baroja como móvil dramático para su exposición del humorismo
concuerda, por la evidente burla barojiana, con su manera de sentir
el arte de la época. Un repaso del ensayo de Pío Baroja sobre
Pintores, escultores y músicos, nos da una idea de la apreciación
bastante negativa del autor por el modernismo en el arte. La pintura
moderna le parece más bien "para tienda de boulevard o *cabaret".*
Después de la moda del cubismo, afirma haber perdido la poca
afición que sentía por la pintura. Le parece ridículo llamar *fauves*
a ciertos pintores y no le ve la razón que tenían en usar colores
fuertes. Prefiere la obra de los impresionistas modernos y desdeña
"esas pobres entelequias del dadaísmo". En la totalidad del ensayo
menciona a más de cuarenta figuras conocidas entre pintores,
escultores y caricaturistas. No se detiene al nombrar a Juan Gris,
Joaquín Mir, Juan Miró, Dalí. El ensayo es más bien un catálogo
de tipos, siendo Picasso el que más le llama la atención.[28]

El individualismo de Pío Baroja persiste en el estilo y propósito
de *La Caverna del Humorismo.* Vicente Gaos, al comentar los ensayos
de Pío Baroja, observa sobre *La Caverna del Humorismo:* "Bien pronto
comprueba (uno) que este libro no difiere en nada de ninguno de
los otros, que lo que Baroja llama teorizar es algo muy especial y
poco teórico."[29] Mas Pío Baroja no pretende ser teórico. En 1917, al
hablar del valor de sus conceptos, dice: "Alguna vez mi amigo
Azorín ha intentado someter mis afirmaciones al análisis. Yo no
pretendo estar en el fiel de la balanza; esta pretensión sería una
locura. Como el piloto del barco de vela aprovecha el buen viento,
y si no lo tiene, el viento contrario, así soy yo. . . . Yo digo como
el piloto: voy allá, y marcho como puedo."[30] Así el prolijo índice
temático de *La Caverna del Humorismo* prueba la ingeniosidad de
Baroja, aunque los temas del humorismo en sí solo tengan la
veracidad que les presta el impresionismo peculiar del autor. Aún
más, la lectura de *La Caverna del Humorismo* revela cuán a menudo
cada observación temática en ese método de "contrastar ideas"

vuelve siempre a un concepto vital, a una moral o ética de la vida. Ya había dicho Baroja: "La moral de nuestra sociedad me ha perturbado y desequilibrado. Por eso la odio cordialmente y le devuelvo en cuanto puedo todo el veneno de que dispongo. Ahora, que a veces me gusta dar a ese veneno una envoltura artística."[31] Bajo esa pátina del arte, pudiera decirse que Baroja es un humorista trágico. En *La Caverna del Humorismo,* el ente barojiano, el doctor Guezurtegui, nos reduce el tema del humorismo a una inconsecuencia en consideración a su propia existencia y a la de España. Terminadas las conferencias en el museo de Humour-point, averiguamos que el doctor Guezurtegui ha vuelto a España. Guezurtegui está disgustado por la falta de conciencia de la sociedad y compone "La balada de los buenos burgueses", en la que va repitiendo: "¡Viva el lujo! ¡Viva la alegría! Gozad, gozad, buenos burgueses; todavía no viene el bolcheviquismo!" (p. 305). Su amigo Videgaín comenta impaciente: "¡No nos vengas con la canción conocida de la inmoralidad de los políticos, comerciantes y periodistas! Todos sabemos que es así; pero todos sabemos que la cosa no tiene remedio. . . . Hace mucho tiempo que el mundo va de cabeza y está enfermo. ¿Cuándo ha ido en sus pies y ha estado sano? Probablemente nunca" (p. 311). El espíritu inquieto y escéptico de Guezurtegui, al regresar éste a su pueblo vasco, sufre mayor decepción: "Son muy cerriles todavía nuestros paisanos" (p. 311). Decide Guezurtegui embarcarse en un velero que va al Canadá. Su amigo Videgaín no puede detenerlo. "Claro, el ideal sería vivir en línea . . . no llegar nunca al fin", discurre Guezurtegui. Videgaín lo acompaña y al verlo partir en la lancha que lo lleva al velero, lo llama en vano hasta el último momento.

—¡Oh, soledad! Eterna soledad espiritual—murmura Guezurtegui, casi sollozando—. ¡Oh, soledad! Nuestra miseria, nuestra grandeza. (p. 315)

Es la figura barojiana, agonística, que no puede apelar a ninguna fuerza fuera de la suya.

Ante tan angustiada expresión, las consideraciones sobre el humorismo quedan olvidadas en el trasfondo de la obra. "La cometa" de la dedicatoria, izada con tanto donaire por el autor, cae trágicamente. Sólo queda en pie la decoración escénica de *La*

Caverna del Humorismo, tan curiosamente inspirada en el arte de las primeras décadas del siglo.

NOTES

1. Pío Baroja, *La caverna del humorismo* (Madrid: Caro Raggio, 1920), p. 9. La paginación de las siguientes citas de esta edición quedará anotada en el texto.

2. Birute Ciplijauskaite, *Baroja, un estilo* (Madrid: Insula, 1972), pp. 249–267.

3. Pío Baroja, *Obras completas* (Madrid: Biblioteca Nueva, 1951), V, 174.

4. Leo Barrow, *Negation in Baroja* (Tucson: The University of Arizona Press, 1971), pp. 181–196.

5. Ed., José García Mercadal, *Baroja en el banquillo* (Zaragoza: Librería General, n. d.), I, 35.

6. Cf. José Francés y Sánchez Heredero, *El año artístico,* 1915–1926 (Madrid: Editorial "Mundo Latino", 1916–28), 10 vols.

7. Siguiendo la vena de erudición de Chip: se refiere aquí a la tradición del aquelarre o conciliábulo de brujas y hechiceros en las provincias del norte de España, siendo famosos los aquelarres de Zugarramurdi, entre los límites de las provincias de Navarra y Logroño, siglo XVII.

8. Kristian Sotriffer, *Expresionism and Fauvism* (New York-Toronto: McGraw-Hill, 1972), p. 7.

9. Bernard S. Myers, *The German Expressionists* (New York: Frederich A. Praeger, 1956), pp. 11–40.

10. El italiano Felipe Tomás Marinetti, cuyo *Manifiesto del Futurismo* se publicó en el *Fígaro* en 1909, presentó los cuadros de los primeros pintores futuristas en París, en febrero de 1911. Gustave Coquiot, *Cubistes, futuristes, passéistes* (París: Libraire Ollendorff, c. 1914), p. 50.

11. El manifiesto exaltaba la fuerza, la agresividad, exigía la destrucción de lo vetusto (museos, bibliotecas y academias), glorificaba el progreso técnico, la industria, la máquina y la velocidad. Ed., Paul Ilie, *Documents of the Spanish Vanguard* (Chapel Hill: University of North Carolina Press, 1969), pp. 73–80; 84–86.

12. Max Kosloff, *Cubism/Futurism* (New York: Charterhouse, 1973), pp. 3–44.

13. Kenneth Coutts-Smith, *Dada* (London-New York: Studio Vista-Dutton Pictureback, 1970), pp. 9–48.

14. Gérard Durozoi and Bernard Lecherbonnier, *Le surréalisme: théories, thèmes, techniques* (París: Larousse, 1972), pp. 28–32.

15. Coutts-Smith, op. cit., p. 21.

16. Pío Baroja, *O.C.,* VIII, 851.

17. Durozoi and Lecherbonnier, "Les sources magiques et ésotériques du surréalisme", op. cit., pp. 11–16.

18. Fernando Vela, "Desde la ribera oscura", *Documents of the Spanish Vanguard*, p. 431.

19. Francés, op. cit., I, 291–95.

20. Ibid., II, 20–34, 228–29.

21. Ibid., III, 13–31. El mismo año en París (1917), se celebraron simultáneamente dos exposiciones de Humoristas y Dibujantes Humoristas en el Palais de Glace y en la Galerie de la Boetie, con las mismas orientaciones que las españolas (III, 16).

22. Ibid., IV, 64–69, 236–39.

23. Ibid., V, 85–110. Siguieron muy populares los salones del humorismo hasta 1923, cuando establecieron los artistas interesados su peña de los Jueves Humorísticos en el Café de Jorge Juan en Madrid (IX, *A.A.*, 1923, 168–173). José Francés llegó a ser recibido en la Real Academia de Bellas Artes de San Fernando (1923) por su asidua labor en exposiciones de arte.

24. Julio Caro Baroja, *Los Baroja* (Madrid: Taurus, 1972), p. 78.

25. Miguel Pérez Ferrero, *Pío Baroja en su rincón* (San Sebastián: Editora Internacional, 1941), p. 134.

26. Ricardo Baroja, *Obras selectas* (Madrid: Biblioteca Nueva, 1967), pp. 59–61.

27. Caro Baroja, op. cit., p. 76.

28. Cf. Pío Baroja, *O.C.*, VII, 880–922.

29. Ed., Fernando Baeza, *Baroja y su mundo* (Madrid: Ediciones Arión, 1961), I, 253.

30. Pío Baroja, *O.C.*, V, 175.

31. Ibid., p. 171.

XV

José María Gironella, escritor

Appeared as a Preface to a critical and annotated edition of J. M.
Gironella's *Los cipreses creen en Dios*, New York: Holt, Rinehart &
Winston, 1969

José María Gironella, escritor

De José María Gironella se puede decir rectamente que el estilo es el hombre. Gironella es un escritor de simpatías. No es estilista, pero sí un gran narrador y posee además un extraordinario don de caracterización. Su fuerte es el reportaje, prolijamente documentado, que sirve de escena para hacer hablar al pueblo español. De ello resulta un estilo objetivo, espontáneo, no exento de comicidad y abundamente en diálogos entre gente de buena ley. Seres con problemas del momento, desenvolviéndose en una sociedad equilibrada por su propria variedad. Existe en las obras de Gironella un ambiente vital, lejos de esa visión pesimista y desnaturalizada de la vida que presentan las novelas contemporáneas, aún más las de un surrealismo estructurado. En las novelas históricas de Gironella se convive con un pueblo en nuestra época.

José María Gironella sacrifica la frase estudiada por lo espontáneo. El arte de Gironella depende de su propia proyección en el estilo. En describir lo que tiene de cerca, en lo que haya participado, es donde más se luce, aunque luego dé la impresión de ser objetivo. De allí que las novelas de su « patria chica » y sus ensayos íntimos valgan más como arte que las novelas elaboradas y sus obras político-sociales, aunque le sean éstas indispensables a su profesión.

No hay necesidad de analizar los primeros ensayos novelísticos de José María Gironella. Lo ha hecho él ya en sus pequeñas memorias. Con la primera novela obtuvo el Premio Nadal de 1946. Ello confirmó su vocación literaria. Le segunda novela, nos cuenta el autor, tuvo menos publicidad pero mayor alcance para él. Le reveló inesperadamente su poder evocativo—el poder de exhumar del subconsciente impresiones que hubiera vivido con anterioridad. Esta afirmación de Gironella aplicada a su arte de novelar resulta, por modesta, demasiado sencilla. El novelar no es cuestión de transcribir el pasado a una forma narrativa del presente, sino de saber animar la materia con el soplo de creación artística. Esto lo hace Gironella por medio de la caracterización psicológica, efecto realizado a su vez mediante el detalle impresionista. Cada personaje tien *sus cosas*. El detalle es siempre humilde, a veces cómico, en ocasiones, patético. En la caracterización total es difícil separar lo físico de lo psicológico. En situaciones del momento siempre surge la incidencia del detalle personal que viene a servir como vía de escape emotivo a una situación dramática.

Se ha dicho que los personajes de Gironella responden a seres de la realidad. Sea como fuere, el autor tuvo la discreción de evitar la creación de entes abstractos y el de saber caracterizar en prosa aquellos que creemos conocer en la realidad de la vida. Cierto que sería difícil no sentir el alma del autor en Ignacio, el protagonista de su odisea. Gironella en varias ocasiones ha señalado situaciones paralelas entre las que le ocurren a Ignacio y las de su propia juventud. Es más, se ha identificado sin reserva con el pensar del joven protagonista al decir últimamente: « Ignacio alvear sigue con sus dudas, con sus forcejeos en busca de una verdad que lo satisfaga . . . ¡Qué le vamos a hacer! ¿No es la duda uno de los signos de la época actual? ¿Y no soy yo un hombre de mi tiempo? »

Con todo, la fe es una nota dominante en la obra de Gironella. La fe, o al menos la conciencia de tal efecto, se halla siempre presente en su obra. Forma parte de la caracterización de los personajes, sea en el aspecto afirmativo o negativo. En esto Gironella no trae ninguna novedad. La fe, base del pensamiento español, ha aparecido siempre en la literatura en mayor o menor grado de actuación. Vale mencionar el hecho aquí para significar un aspecto castizo de Gironella y para ponderar la sensibilidad del escritor al tratar aspectos de religiosidad en el individuo.

José María Gironella posee indudablemente un don especial de comprensión intuitiva del ser. La caractericación de sus personajes estriba en los tres elementos citados: lo físico, lo psicológico y lo espiritual. Hablar de un don intuitivo no es restar mérito al autor. Algo de conciencia creadora debe haber en ello. Se ha dicho que Gironella no es estilista. Sin embargo, en su prosa se nota un decidido juego estilístico. Primero por su expresión pintoresca, conceptuosa y popular a la vez, y luego por su intento de dislocar un poco el vocablo, creando pequeñas chispas, exabruptos semánticos, que provocan novedad o comicidad en la frase. Este manerismo de Gironella viene a constituir un ligero rebuscamiento dentro de una prosa fundamentalmente realista. No obstante, es un estilo que no tiene razón de ser en el ensayo político-social, donde desconcierta y rebasa la exactitud que busca el lector en tales casos.

La gracia de aquel estilo personalísimo de Gironella es más evidente en *Los cipreses creen en Dios,* donde la historicidad no absorbe tanto la obra como en *Un millón de muertos.* En *Ha estallado la paz,* el recapitular y el hilvanar el pasado con los acontecimientos del día ha requerido una prosa mayormente objetiva, realista, salvo en las escenas de San Felíu de Guíxols, en las que el poeta latente pinta con toques de apreciable sensiblilidad e inusitadas metáforas, la naturaleza y los sentimientos de los protagonistas Ignacio y Ana María.

Como ensayista, José María Gironella representa la generación de una España más cosmopolita. En este género, la obra de Gironella adquiere especial interés por su contemporaneidad. Los ensayistas de la primera mitad del siglo se ensimismaron primero en temas de fe y angustia, de ensoñación del pasado, de alambicamientos artísticos. Luego analizaron con más objetivadad la realidad histórica de España. Temas, en fin, filosóficos o abstractos. Con Gironella nos encontramos inesperadamente ante un ensayista de reportajes, con intereses internacionales, que viaja por el mundo para cerciorarse de la verdad y que produce un ensayo anecdótico, humanizado por la experiencia. Las obras político-sociales de Gironella versan no sólo sobre la Europa occidental sino sobre el Oriente. Abundan en referencias indirectas a los Estados Unidos e Inglaterra. Incluyen biografías de grandes y pequeños líderes comunistas. Están nutridas todas ellas de una documentación vital hecha en plena acción, lo cual lleva al autor a observaciones y conclusiones personalísimas. José María Gironella está en plena vitalidad artística. Nos faltan sus obras en preparación y las que deseamos ver en el futuro, pero ya podemos situarlo favorablemente en la literatura nacional con respecto a los clásicos.

De Pío Baroja, Gironella recuerda la soltura en el estilo y en la estructura general de la obra. «Mi propósito había sido imitar el discurrir de la vida» evoca del maestro, «A mí el libro que me gusta es el que no tiene ni principio ni fin . . . Me agrada la novela permeable y porosa.» Así como Pío Baroja se aparta del esteticismo de su época, Gironella escribe sobre la vida «renunciando al esteticismo y a la brillantez.»

El arte que Juan Valera supo emular de los místicos del Siglo de Oro, el saber penetrar en el alma, lo posee Gironella tanto como el recordado maestro de la novela psicológica. Es más, desde Valera hasta el presente nadie ha superado a Gironella en la caracterización psicológica del adolescente. En este sentido íntimo, psicológico, del ser humano, tiene Gironella el curioso ensayo *Carta de un gusano a Jesucristo*.

Al hablar José María Gironella de sus novelas históricas como *episodios nacionales*, habrá quien quiera compararlo con el autor que tanto prestigio dio a la novela histórica de la pasada centuria, pero aquí una comparación entre Gironella y Benito Pérez Galdós resultaría inútil porque difieren mucho el uno y el otro en la ejecución del tema histórico. El maestro de la novela realista nunca se enfrentó como Gironella con la historia política de la actualidad y no llevó el estilo acogedor de sus novelas contemporáneas al relato de sus episodios. En lo único que se parecen Galdós y Gironella es en que ambos son españolísimos—y digo esto con fruición porque uno era de las Canarias y el otro es catalán.

Gironella encierra lo nacional en « la patria chica.» En sus novelas busca lo universal, no en la geografía ni en un crecido censo de personajes, sino en lo íntimo del individuo. Esos momentos de universalidad del alma humana son los que en realidad distinguen la obra de José María Gironella.

Sus mejores novelas siguen siendo las que forman la trilogía sobre la Guerra Civil, y entre ellas sobresale su obra maestra *Los cipreses creen en Dios*.

XVI

Gironella's Microcosm of the Spanish Civil War

Appeared as an Introduction to a critical and annotated edition of
J. M. Gironella's *Los cipreses creen en Dios*, New York: Holt,
Rinehart & Winston, 1969

Gironella's Microcosm of the Spanish Civil War

José María Gironella achieved international fame through his first historical novel *Los cipreses creen en Dios.*

Los cipreses creen en Dios was originally intended to be the first part of a trilogy of novels comprising the last twenty-five years of the history of Spain. The total epic was conceived in three parts: the period preceding the Civil War, the Civil War, and the Postwar Period. Thus, *Los cipreses creen en Dios* includes the years prior to the impending conflict, from April, 1931 to the last days of July, 1936. This was the period of the Republic, a time in which the multiple political and social parties in Spain polarized into two factions ultimately known in the field of battle as the *Nationalists* and the *Reds*. *Los cipreses creen en Dios* first appeared in 1953.

The second volume entitled *Un millón de muertos,* came out seven years later in 1961. It covers the three years of dire strife, from 1936 to 1939.

The third volume was completed in 1966 and bears the forceful title, *Ha estallado la paz.* Absorbing as the project proved to be, Gironella realized before finishing the third volume that it would not be the final one of the conceived plan. There was an obvious element of timing to be considered in the postwar cycle. As Gironella pointed out in the prologue, the historical and political era initiated in 1939 did not appear to have ended. Its circumstantial characteristics still prevailed. Hence the author's new decision to devote several volumes to the postwar period, and through this fragmentation of time, produce a series of National Episodes that would end "the day there is a succession in the State Office." *Ha estallado la paz* deals only with the immediate postwar period. The narrative ends shortly after December 7, 1941, the day that the United States entered the Second World War. According to Gironella's plan, the next volume would extend approximately to the end of World War II, and so on. In *Ha estallado la paz* there is a dominant cycle of fictional realism that fits into the frame of historical reality.

With the natural gift of a *raconteur*, José María Gironella relates years later how he conceived the idea of writing an epic about the Civil War. It was the day before New Year's Eve, 1937. Gironella was then twenty years old and Spain was living through its second winter of war. A year before, Gironella had fled from Gerona, the Red zone, to France, and entered into Nationalist Spain by the frontier town of Irún. He joined the Company of Skiers stationed in the valley of Tena in the Aragonese sector of the Pyrenees. He recalls his emotions at the time, as a youth, both dazed and exhilarated by the Gerona uprising and the rapid succession of events. He remembers himself soon after as a young soldier, standing on the snow-covered slopes of the Pyrenees, the idealist and the skeptic, wondering to what extent his free will had contributed to his own turn of events. That particular day in December his squad was on patrol duty along the Spanish-French frontier in the sector of Bachimaña, beautiful for its small lakes. In the afternoon the soldiers spotted some skiers coming from the resort of Cauterets. It was not unusual for French skiers to come to look at "Franco's soldiers." They made their way up, carrying their skis on their shoulders, as the soldiers watched from above with a martial air about them. Some of them as they approached raised their fists at the Nationalist soldiers. No doubt they belonged to the French Popular Front. Others greeted them with arm extended, probably sympathizers of some right-wing or fascist party. These visitors, as others were apt to do, conversed with the soldiers and offered them cigarettes and cognac. That afternoon something unusual happened. Among the visitors there was a young girl, wearing a yellow sweater and a pert beret, who had already taken quite a number of pictures of the soldiers. She gazed one last time at the full panorama of Spanish territory and turning suddenly she asked: "Isn't it rather stupid to go about shooting your brothers?" And then, without waiting for an answer, she plucked a button off the coat of one of the soldiers (young Gironella), and took off, brandishing her small trophy in her hand as she waved goodbye.

This trivial incident, recalls Gironella, set him thinking. There was a need to inform the young girl and the world at large. To explain to the world what was happening in Spain, and that this war was not an arbitrary, barbaric war. Gironella recalls the great novelists that came to his mind as he thought of himself as a writer: Tolstoi, Dostoievski, Gogol, Gorki . . . The soldiers laughed at him, but his mind was made up. The war ended, and years of preparation followed. Gironella's third novel was *Los cipreses creen en Dios*— the beginning of the national epic.

To create a sense of continuity and unity throughout the epic, Gironella brought to the fore one family in particular, the Alvears: Matías Alvear, his wife, Carmen Elgazu, and their three children, Ignacio, César, and Pilar. In this family atmosphere, Gironella portrayed the vicissitudes Ignacio and César experienced as their lives were absorbed by the political events of the period. The Alvears live in Gerona. Thus Gironella eluded the danger of what he termed "geographical elephantiasis" in dealing with a struggle that involved the whole nation. All the action in *Los cipreses creen en Dios* is centered in the small town of Gerona, the home of the Alvears.

The choice of Gerona with its walled-in atmosphere was not a casual selection. Several reasons led the author to this choice. He felt Gerona qualified as one of the most representative Spanish cities because of its remote historical roots, its traditional fighting spirit, its deeply religious nature, and the cumulative foreign influences it had received in the course of generations. In the old section of the city, Gerona's noble architecture bears witness to its ancestry. The newer part, less fortunate in structural grace, brings its past to modern times. The Oñar, a river known for its seasonal changes, gives the town added personality. The people of Gerona live a life of patterns and like to perpetuate all the traditions of the past.

Gerona is the capital of the small but beautiful province that bears its name. Gerona, the province, is known for three outstanding natural elements: the Pyrenees, the plains of Ampurdán, and the Mediterranean. Due to its geographical position, as a frontier province neighboring France, it is bound to receive from the direction of the Pyrenees the seasonal gusts of the *mistral*, as well as other currents of equally turbulent nature. Perhaps—pondered Gironella—the province of Gerona is too rich to represent Spain, its landscape too harmonious; yet the heart of Gerona has always pulsed in unison with the rest of Spain, and the underlying conflict of the period surged even more dramatically in the intimacy of its small provincial capital.

Another motive of a more personal nature induced José María Gironella to choose the city of Gerona as the background for *Los cipreses creen en Dios*. The most significant years of his boyhood and adolescence were spent in Gerona, and its spirit became a part of him. Gironella's parents settled in Gerona; his wife was born there; one of his sisters was baptized in Gerona; and in the shade of its cypresses, adds Gironella, "people that I have loved and cherished believe absolutely in God."

Besides, in Gerona—and this fact is fundamental, asserts Gironella—he witnessed the outburst of the Civil War.

The author's concern, however, was not to retell the annals of a provincial capital. Gerona answers the need for a locale that is to reflect the history of the times. Gironella takes pains in explaining that when, for instance, there is a strike in the city, it does not mean that it necessarily happened there in real life. And the same goes for the existence of Gerona's political parties, its masonic activities, or more specifically, for the fictional characters that come to life in its streets—generals, administrators, priests, teachers, barbers, bootblacks. Nobody is personally depicted. Even the names of places have been slightly altered. Only the local atmosphere prevails. In the national scope, however, Gironella has respected the authenticity of historical characters and the order of events.

The author's main concern in *Los cipreses creen en Dios* is clearly life itself, and not an inventory of it. He hopes that in this aim he has not failed his mark: that both the setting and the characters have acquired true significance, and that ultimately, through the microcosm of Gerona, we can discern the evolution of ideologic and psychological forces that slowly and inevitably divided the Spanish people into two conflicting camps.

To establish this principle of representation throughout the epic, José María Gironella felt an imperious need to have his leading character, Ignacio Alvear, carry the struggle of the Civil War in him. Ignacio goes on doubting, struggling, searching—and lives on through the drama of the Civil War. César believes absolutely, beyond life itself, and does not hesitate to act. César attains greater stature through sacrifice. Ignacio responds to an artistic need of the story. Even so, it is difficult to say which of the two characters is more real.

One of the outstanding merits of José María Gironella's historical epic has been his meticulous documentation. In *Los cipreses creen en Dios*, the background is mostly social and generic. In *Un millón de muertos*, its sequel, it is specifically factual and encompassing. The war has drawn its characters out of their local setting onto a national stage. Gironella's purpose in *Un millón de muertos* was to give a panoramic view, as absolute as possible, of the Civil War. This he accomplished by portraying simultaneously the two contending sides, which came to be known as the *Nationalists* and the *Reds*. *Un millón de muertos* is the author's answer to the partial reports and sectional views of other novels dealing with the Civil War. José María Gironella gives evidence of his conscientious effort when he states: "I have written this book three times from beginning to end in the course of five years. My work in the first version consisted in putting in chronological order the events of the war and in cataloguing, as it were, a series of horrors. In the second version my task was to eliminate the purely mechanical anecdotal element and reveal the grandeur and poetry that surely exist wherever man is present. In the third version, the final and most laborious of all, my task was to give to the novel a semblance of verisimilitude, indeed, to avoid the caricature of unilateral judgment."

In his desire to reach an impartial judgment, Gironella relied on the perspective of time and space, on careful confrontation of facts, and on what is rightly termed *caritas*. Fifteen years had elapsed since the war, not too long a time, so the book was purposely written away from Spain. The author had lived in both war zones.

He himself experienced war. He interviewed many Spanish and foreign witnesses of the war. He combed the newspapers, went through archives of war photographs, and read the editorials. Altogether, he consulted close to one thousand books and monographs published after the war. And finally, he fulfilled his promise to depict his characters with understanding and give each one a touch of human love, regardless of whom they represented in the national drama or what hymn they sang in the war.

This was not an easy task. Sometimes, avows Gironella, his own experiences lost their sense, devoid of the climate that produced them, and his memory gave back instead only a spectral image of reality. The same thing happened with other people's testimonies. Each person, when questioned, tended to exaggerate or to draw such forbidding conclusions from his experiences that the result was disconcerting and again resulted in the loss of a balanced vision. Very much the same occurred with the personal diaries of the soldiers on either side. Most of them were extremely fanatic, barely touching on the merits of the enemy and stubbornly looking away from their own mistakes. Gironella concluded that, in the final analysis, the safest documentation came from newspapers and photographs. The undisputed front-line report with its corresponding photograph.

Un millón de muertos is still a novel. José María Gironella again reserved the right to appeal to fantasy, to make use of his creative freedom within the historical framework of the period. At all times, Gironella's main concern in his artistry is verisimilitude, environmental and psychological.

To quote José María Gironella directly, *Un millón de muertos* was intended to be an orderly and methodical answer to several works written outside of Spain which had a decisive influence in forming the opinion that the European and American public had of the Spanish Civil War. Such books were *L'Espoir*, of André Malraux; *A Spanish Testament*, of Arthur Koestler; *For Whom the Bell Tolls*, of Ernest Hemingway; *Les grands cimetières sur la lune*, of George Bernanos, and the trilogy of Arturo Barea, *The Forge, The Track*, and *The Flash*. These works, feels Gironella, aside from the literary values they may possess, cannot withstand the test of careful analysis. They view the drama of Spain arbitrarily, and produce in the informed reader a feeling of pointed annoyance.

There was a need at home and abroad to take inventory. The Civil War in Spain was a significant event, pursues Gironella. Half of the world eyed it curiously, perhaps a little apprehensively, suspecting greater involvement. This, indeed, came about. Besides a Communist intervention, there were German volunteers on both sides of the war. And Italians, and Frenchmen, and Englishmen, and Americans, and Belgians—and individuals who came from the far corners of the earth. Spain became a platform for the struggle of ideologies. At the beginning of the war, the number of flags of each adversary was impressive; towards the end, each side had unfurled but one flag, practically speaking.

Three years of intense fratricidal strife. José María Gironella confesses the reverence, even fear, with which he wrote *Un millón de muertos*. Could one man venture to set himself as a judge of others? Perhaps it was the feeling of *caritas* that gave Gironella the safe-conduct to record the epic of the Civil War in Spain. It was more than mere artistic effect to call the book *Un millón de muertos*. Half of that sum, states the author, was the estimated number of casualties. The other half amounted to those who possessed by hate, destroyed their own piety and killed their own spirit.

Un millón de muertos ends with a quiet note. At General Head-quarters Franco is in his office when one of his aides rushes in with the official announcement that the National Armies have accomplished their ultimate objectives and that the war has ended. El Caudillo looks up and quietly answers, "Está bien, muchas gracias," and continues his work.

The story of *Ha estallado la paz* unfolds almost entirely in Gerona, except for certain passages that account for those in exile. With the war over, the people return to their homes. The Alvear family and their friends—old and new—are once more the main characters on the scene. The tempo of the narrative returns to the original one in *Los cipreses creen en Dios*.

Thus Gironella recreates the national tragedy of the Spanish Civil War through the microcosm of his native city.

XVII

The Countess of Merlin: Her Social Vantage and Editorial Dilemmas

Presented at the VI Annual Caribbean Studies Association Conference, St. Thomas, U.S.V.I., May 1981

The Countess of Merlin: Her Social Vantage and Editorial Dilemmas

The decision of women to express themselves in society before the era of group action in feminist movements was left to the initiative of individuals whose talents and intellectual drives led them beyond the stereotyped passive role imposed on them by society. These individuals were exceptions in a society they were not particularly trying to oppose, but to which they could not entirely conform, given their active creative nature. In modern times, feminine assertion is interpreted in terms of feminist group action. The feminine world is conforming to a new modern stereotype: the collective woman who, according to the modern expression, has come a long way. In her world, legal rights have come to the fore and social concerns relating to tradition, ethics, and religion have faded into the background. Even though some modern women still adhere to their traditional social concerns, they enjoy nevertheless the benefits of the present egalitarian feminist movement. For the nineteenth century woman, feminine assertion in an intellectual world implied having an outstanding talent, a pioneer spirit, and an innate gift of managing both assets and handicaps to advantage in a rigidly structured society. Such was the case of María de la Merced Santa Cruz y Montalvo (1789–1852). She belonged to a distinguished Spanish-colonial family of Cuba and she attained a degree of fame both in French and Spanish belles-lettres as the Countess of Merlin.

María de las Mercedes, as she later came to be known, must have been an outgoing and determined individual. She lived successively in three lands, always engaging herself fully in life. She was educated at home, in Havana and in Madrid. She was presented at court and married General Merlin, the aide-de-camp of Joseph Bonaparte, the reigning king of Spain. Political circumstances totally changed her life, as she was forced to emigrate to France upon the fall of Joseph Bonaparte in 1813. In Paris a new woman emerged. In addition to raising a family, she became known for her literary and musical soirées, and she eventually decided to write. To reveal her essence as a woman writer is to unfold her life as she herself recounts it, for, as a person born to wealth and comfort, she notes and comments in retrospect the joyful expansion of her childhood days, her stylized social upbringing, and the tumultuous changes in her life as she traveled through a war-torn country and crossed the Pyrenees to France. All this forms the picturesque narration of her memoirs, while the anxieties of a middle-aged author and woman are revealed only posthumously in her intimate correspondence with her beloved literary mentor, Philarète Chasles.

Three strong personalities fashioned the character of María de la Merced Santa Cruz y Montalvo during her childhood years in Havana and as a young girl in Madrid. Mamita,[1] her great-grandmother, nurtured her free spirit during her early childhood in Cuba. Her father, Joaquín Beltrán de Santa Cruz y Cárdenas, Count of Jaruco and Mopox,[2] fashioned her early taste for life. Her mother, Teresa Montalvo y O'Farrill,[3] Countess of Jaruco, educated her in the courtly atmosphere of Madrid.

The Count of Jaruco was a wealthy landowner, and, no doubt, an indulgent father. Mercedes first became acquainted with her father when she was eight years old and met her mother several years later. Such unusual circumstances are explained by the fact that Mercedes' parents married very young and went to Europe shortly after her birth to settle an inheritance. They left the infant Mercedes in the care of Mamita, her great-grandmother.[4] Mamita was the mother of eleven children and she had so many grandchildren, that at a family gathering Mercedes remembers counting ninety-five members, among whom she was the youngest. Her world was then an exuberant one, full of love and joy.

Mercedes recalls the arrival of her father in her memoirs. He had been appointed Inspector General of the Spanish Armed Forces in the Island of Cuba. Upon the return of the Count, Mercedes' life changed. She went to live with her father. Staying with him turned out to be a delightful experience for young Mercedes. He treated her not as a child but as the mistress of the house, allowing her to go out in her own carriage, assisted by her black woman servant and the family coachman. Her father, outgoing and happy by nature, wanted to make up for the past years and gave in to all her whims. Mercedes now shared her father's active social life. Only one incident interrupted her happiness. Knowing that he would have to leave again for Spain, the Count was persuaded by his mother to place Mercedes in the Convent of Santa Clara for her education. Thus deprived of her freedom, Mercedes decided one morning to escape back to Mamita's house. Upon his return, the Count was then persuaded to place the child at the home of her aunt, the Marquise of Castelflor, where he frequently visited her and finally brought her back to his house. It was then that Mercedes received a letter from her mother, the Countess of Jaruco, with a miniature portrait of her. In another letter to her husband, the Countess requested the Count to bring Mercedes back to Spain with him. Mercedes sailed for Spain with her father on the flagship of Admiral Gravina. She recollects that, although she was still a young girl, she looked closer to eighteen, so much so that, when her father noticed the attention of the Lieutenant Commander of the ship towards Mercedes, he ordered one of his black servants to sleep at the door of her cabin like a Saint Bernard.

In Madrid, Mercedes met her mother. At the time, she recalled thinking to herself, "Heavens! How beautiful she is!" The Countess of Jaruco was the third and most influential person in the formative years of Mercedes' life. Two months after their arrival, Mercedes' father had to return to Cuba for another official visit, leaving his daughter in her new family home, with a younger brother and sister. Mercedes was brought up in a sophisticated society, closely supervised in her upbringing. She had never been so guided before.

The Countess of Jaruco was related on her mother's side to General Gonzalo O'Farrill y Herrera, Minister of War and senior cabinet member under Charles IV. General O'Farrill was among the ministers who recognized Ferdinand VII upon the abdication of his father, Charles IV, but, pressed by the Napoleonic invasion of Spain, he chose to serve the new king, Joseph Bonaparte, as Minister of War, thus maintaining indirectly the social prestige of the family. The Countess of Jaruco was known for her elegant soirées. Her salon was frequented by distinguished dignitaries as well as by celebrated literary figures and artists such as Goya and the outstanding neoclassical poets Meléndez Valdés and Quintana. Mercedes was soon allowed to attend the soirées with her sister. In her education, her reading was closely supervised. Even Rousseau was on the forbidden list. Drawing, dancing, and music were enouraged subjects, the latter especially, as it was discovered that Mercedes had a good voice. She learned the fashionable dances of the French court, but she enjoyed as well the typical Spanish dances and folk music. Mercedes grew up being dressed by her maid and waiting for the ring of her mother's silver bell in the morning, which announced that the Countess was up and could be visited in her apartment. Her social contacts were planned for her. Her mother, now a widow, would be responsible for her daughter's marriage, for Mercedes' father had died of a fever in Havana in one of his official government visits. An attachment to a donjuanesque suitor, the Marquis of Serrano, deceived the young girl, and the engagement was broken, much to her relief. The new society at court opened new horizons. The graceful and talented Mercedes was advised by her mother that King Joseph Bonaparte had indicated his wish to give her hand in marriage to his aide-de-camp, General Merlin. It had been the general's personal request to the king. She accepted readily, as the author recalls, attracted as a young girl by the handsome uniform of the high ranking officer, and knowing full well that in life a woman was born to be protected: "La femme est née pour être protegée."[5] Mercedes was then twenty years old; General Merlin was in his late thirties.

The War of Independence in Spain forced the young countess to flee to France with her infant daughter and servants. She was then twenty-four. She did not begin to publish until her early forties.

She relied totally on her title as her nom-de-plume to establish a name in belles-lettres. As a woman, she was drawn by the ways of her times to express in her memoirs a recurring emotion: "Je sens à ma faiblesse que je suis née pour etre protégée (I feel in my frailty that I was born to be protected)."[6] She recalls this thought as she left Cuba, protected by her father. Referring to herself as a young girl, she confesses even more poignantly the same social thought: "J'éprouvais déjà sourdement, au fond du coeur, ce besoin de protection et de bonne renommée sans lesquelles il n'y a pour nous, dans ce monde, ni bonheur ni dignité (I already felt then, unconsciously and in my heart, that need for protection and a good name without which it is impossible for us, as women, to enjoy respectability and happiness in life)."[7] Yet to rely on her title as her pen name was wise: it seemed almost essential, considering the very nature of her work. The Countess of Merlin was not engaging in pure creative writing but rather in recording her social life and her times, bringing to light details of an era that only a person in her position had the power to reveal to the curious public. Her memoirs at first deal with the setting of a picturesque and pleasant colonial life in Cuba, little known to the French and English public of those days. They continue with the arrival of the French in Spain, life at court under Joseph Bonaparte, and end with an on-site description of the despairing flight of the *afrancesados* (the Spanish Bonapartists) in 1813. This third volume of her memoirs is a reportage of the political dilemma of the times. To make it appealing to the public, the report is interspersed with numerous anecdotal incidents. At the end of her memoirs, the Countess took care to add some documents to her commentaries, by way of apology, on the unenviable position of Joseph Bonaparte, curtailed in his power by his brother on the one hand and pressed by the Spanish on the other, the position of her family, caught in the events of history, and the role of her husband in the last critical months of the war.

As an author, the Countess of Merlin saw to it that her leading publications were translated into Spanish and English. The first part of her memoirs appeared in 1832 as *Mes douze premières années* (My first twelve years), which led to *Histoire de Sor Inés,* Paris, 1832, concerning the nun who helped the Countess escape from the convent of Santa Clara as a child. They were continued in *Souvenirs et mémoires de Madame la Comtesse Merlin* (Paris, 1836), with the subtitle "Souvenirs d'une Créole." The set of four volumes carried the self-assertive note: "Publiés par elle-même (Published by the author)." The popularity of the subject is attested by subsequent publications in Paris and Brussels. The romantic novel of Sor Inés was published in Spanish in 1838 as *La historia de Sor Inés*. It appeared in Philadelphia, perhaps a wise choice, judging from the author's views on convent life.[8] The following publication was a biography of the opera singer La Malibran, *Les loisirs d'une femme du monde* (The leisure of a woman of the world), 1838. It was published in English in 1840 as *Memoirs and Letters of Madame Malibran*. The second volume contained an added section on "Notices of the Progress of the Musical Drama in England." The editions in English appeared in London and Philadelphia. An edition also appeared in Italian. Later on, the subject was used again in *Lola et María* (1845). The next successful publication was *L'Havane*, in 1844. It was the result of the Countess' visit to her native land in 1840. A translation of it was enhanced by the preface of Gertrudis Gómez de Avellaneda, a distinguished Cuban poetess, dramatist, and novelist of Spanish belles-lettres. The Countess published a number of journalistic letters,[9] and two novels, *Les Lionnes de Paris*,[10] supposedly the memoirs of a prince (1845), and *Le Duc d'Athènes* (1852), prefaced by the Marquis de Foudras. Except for the trivia of a few short stories and her *Pensées* or social commentaries, all of her works follow in essence the romantic style of letters, confessions, or memoirs.

As a writer, the Countess of Merlin held the admiration and respect of all during her lifetime and her memory was cherished in the belles-lettres of her native land. In the twentieth century, her intimate correspondence with her beloved mentor and literary colleague was published as part of her complete works. This was quite a revelation. The letters were presumably surrendered by the heirs. The Countess died in 1852 and her literary colleague in 1873. At one point towards the end of her correspondence with her colleague, she requested him to return her letters. Judging from the few that follow, one does not know if he ever did. In any event, the letters cover a period of about ten years, roughly from

1840 to 1851. They are impetuously written and thereby not all dated, or else they are overdated, that is, they are marked and scheduled for the expected answer and return receipt as well, for the Countess, in spite of her protestations of frailty befitting a woman of her times, must have been, nevertheless, a steadfast and unrelenting woman. Her complete works were edited in modern times by Domingo Figarola-Caneda.[11] Upon his death in 1925, his widow, Doña Emilia Boxhorn, carried out the publication (Paris: Excelsior, 1928). She also made a separate edition of the love letters of the Countess. In a brief preface, she describes the Countess as a courtesan, singer, literata, and above all, a woman. The first two terms seem somewhat misleading. The Countess was a patroness of the arts. She enjoyed the pleasure of singing at her own soirées and for the many benefits she helped organize. The use of the term "courtesan" is surprising and somewhat harsh, and no doubt prompted her feminine biographer to add ruefully: "To err begs for mercy (Todo pecado reclama miseriocordia)."[12]

To understand the Countess of Merlin as a woman and an author, one would have to consider the two men in her life: her husband, General Merlin, and her colleague and mentor, Philarète Chasles.

General Merlin, referred to in various documents as Christophe Antoine, as well as Antoine François Eugène, was born in Thionville, France.[13] He volunteered in the army at an early age. After meritorious service in various military encounters, he served as aide-de-camp to Napoleon in his Egyptian campaign in 1798. By 1805 the young officer was a Brigade Commander of hussars in Austria, then in Prussia and Poland. After serving in Italy as Captain General, he was destined by Napoleon to render service in Spain as aide-de-camp to Joseph Bonaparte. He was in charge of the King's Guard. Joseph Bonaparte granted him the title of Count. In 1813, it was his duty to cover the retreat of the French from Spanish soil. Subsequently, as Brigadier General, he participated in the battles of Leipzig and Hanau. He was made Chevalier de St. Louis by Louis XVIII. He served the Emperor again in March, 1815, for the period known as The Hundred Days. After the Second Restoration he was placed in the reserves. He returned to active service in 1830 and was promoted to Lieutenant General in 1832.

Louis Philippe decorated him with the Grand Croix de la Légion d'Honneur in 1834. He died in 1839.

We have no further information from the Countess of Merlin concerning her life after she crossed the Alps under the protection of the personal military guard her husband had provided for her: twenty-five men of the royal guard, commanded by a captain, one of General Merlin's aides-de-camp. The last entry in her memoirs is the happy expression of thanks to the French nation that had received her; thus she closes the story of her life with her arrival in her third homeland. The decade of the 1830's marks the height of her brilliant soirées,[14] when her husband was evidently a distinguished general in France.

Contemporary biographers suggest that the Countess started to write to supplement her restricted income. A stronger stimulus might be ascribed to the intellectual and artistic activities of her salon, quite famous in the 1830's. On gala evenings, her celebrated soirées were frequented by such talented individuals as Rossini and Alfred de Musset, and, from the ranks of fashionable society, by the Count d'Orsay. On such occasions, the Countess often enjoyed singing with the leading opera stars of Europe, her friends and guests.[15] With reference to her writing, one might consider that there were also a number of women who were writing in France and in England during the first half of the nineteenth century. In any event, it was not until 1842 that money matters are mentioned in her letters and then at first to help the aspiring journalist and lecturer, Philarète Chasles, in his troubled life.

The full name of the man who was the cause of the Countess of Merlin's exhilaration in her intimate correspondence was Victor Euphémien Philarète Chasles. He was born in Mainvilliers, near Chartres, in 1798. Victor, as she calls him in her letters, was nine years younger than the beautiful Countess, married, and probably in his late thirties when he met her. His father had been a strong egalitarian revolutionary, defender of Reason. He named his son Philarète, "friend of virtue." Philarète was of a studious temperament. When his father was forced to leave France in exile, the family was ruined. Philarète became a linotypist in Paris, but his employer was accused of being an activist in an anti-royalist conspiracy, and Philarète found himself locked up in the Concier-

gerie, from which he was released through the influence of Chateaubriand. He then went to London and worked as a proofreader
in the editorial house of Valpy. His stay in England prepared him
for his career as a writer. When he returned to Paris he found
employment first as secretary to the Baron of Eckstein. He then
became a journalist. He was granted a position at the Mazarine
Library, finally acquiring a name for himself as a free-lance writer
in the *Revue des Deux Mondes,* the *Chronique de Paris,* and, later, in
the *Journal des Débats.* In 1841, again through political influence, a
new chair of Germanic Languages and Literatures was created for
him at the Collège de France, for which he defended a thesis and
received a doctoral degree prior to assuming his position.

For Philarète Chasles, the decades of the 1830's and 1840's were
the high point of his social and literary life as a writer and lecturer.[15]
He was married to the Baroness of Presles, whose lavish ways were
the cause of his constant financial shortcomings. It was probably
towards 1840 that the Countess of Merlin invited him to her soirées.
Her admiration for him was justified, considering his very active
literary life. In his lifetime he produced hundreds of essays and
articles on comparative literature, and historical and social cri-
tiques.[16]

Some of the exuberance seen in the letters of the Countess of
Merlin to Philarète Chasles could be considered as part of her
personal literary mannerism. Her own memoirs had drawn the
attention of the critics for the effusive and charming style of her
writing. In her novel on Sister Ines, her style is romantic to the
point of encompassing every possible melodramatic turn. Her
biography of the singer La Malibran is a romantic deification of an
artist. The few short stories she wrote dealing with the stereotyped
abused woman are so lugubrious that the style overrides the thesis.
Perhaps some of her letters to Philarète Chasles are more stylized
than one might suspect, written, as they were, at the ebbing of
romanticism. Her initial letters are passionate and no doubt sincere.
Her love is troubled by the "regret" of what is not "moral." The
subsequent ones, written from Baden in 1841, are beautifully
studied vignettes of social life in a fashionable summer resort. Her
style here is that of the editorial essay of customs and manners, a
by-product of romanticism, still in vogue. Her love letters later turn

to maternal concern for and personal remonstrances to her young colleague, and finally they relent to a bittersweet period of friendship. At this time an alarming number of letters on financial issues appear, in which it would seem that Philarète Chasles was not rendering accurate accounts in the management of cash transactions intended to settle editorial expenses and personal debts of the Countess. In essence, the financial transactions in which Philarète Chasles intervened were with reference to her publications, but, preposterous as it may seem, many of them were to straighten out bills owed to her cook, maid, milliner, seamstress, decorator, and coachman, or to direct the repairs or sale of her carriages and even the sale of her horses. Finally, when financial circumstances were pressing her, she relied on him to handle the sale of her jeweled diadem and her diamond crown. These letters, dating from October to November 1843, are the most pitiful of all, as she seemed distraught by the abuse of dealers and the nebulous accounts of Philarète, especially in the case of her jewels. Considering that in her letters the Countess mentions having a notary and a lawyer, and that she refers to her immediate family, it is difficult to conceive that she should have subjected herself to such incoherent behavior. Yet money matters were inevitably associated in the letters with publication issues and an occasional good turn to help her colleague out financially.

There is no doubt that the Countess of Merlin was taken aback by the mishandling of her jewels, the erratic financial accounts of her colleague, and his rebuffs to her constant petitions for her revised drafts. Her concern is reflected in her letters. The tone of friendship changed, even from the familiar *tu* to the polite *vous*. There followed a period of silence, but knowing how to weather a storm and guided, no doubt, by the desire to continue working with her colleague, the Countess renewed her expression of sincere friendship, eventually received her revised drafts, and the following year she finished yet another successful book, *L'Havane*. Her reliance on Philarète Chasles' editorial guidance is understandable. The Countess had a gift for writing, but did not have his schooling. With a persuasive insistence on her steadfast and devoted friendship, the Countess would cajole her colleague to review her manuscripts in French, direct the translation of them into English, expedite translated copies of her individual articles or letters to

Cuba, prepare some of her work for the German press, and proofread and deliver for publication some of her journalistic letters for *La Presse* and *La Revue de Paris*. In this collaboration, he always acted with her approval, her sole reproach being his delays in proofreading and editing her writings. He was, no doubt, under the pressure of his own work and activities as a free-lance journalist and lecturer.

The Countess of Merlin had the merit of initiating her first publications between 1831 and 1838 while still enjoying the company of her family, at the height of her social activities. At the time of General Merlin's death in 1839, her two sons and daughter were well into their twenties. In the decade of the 1840's, the Countess continued receiving at home, but not with the gala of previous years. After the first exhilaration of meeting Philarète Chasles, the brilliant young intellectual, his image came to represent for the Countess an academic friendship of more lasting value that came about through the trust and affection she cultivated in her relationship. She admired him and she longed for his attention. In tastes, they both shared a Romanticist ideology. She kept in constant touch with him through her letters, delivered by her servants when she was in Paris, or sent by post when she was about the country, residing with her family or with friends. There is no doubt that the Countess had an innate talent for writing, the proof being at the time that a man of letters should be willing to edit her writings. There was a continuous exchange of rough drafts through the mail as her manuscripts progressed in French, and then in Spanish and English. There seems to be some indication in one or two of her letters that she looked over some of his work as well. There was also a close practical relationship between the two writers, since the Countess insisted on sharing with her colleague the proceeds of her publications. The subventions sometimes came from her own restricted family sources, for Philarète Chasles was always in financial straits although he lectured and wrote incessantly for journals in Paris and abroad. He was often chided by the Countess for overworking and not taking care of his health. His intellectual companionship seemed very dear to her. In one of her early letters to him, she advises Philarète: "Je travaille pour *nous* à un roman de moeurs . . . peut-être cela ne vaudra rien: tu en jugeras! . . . (I am working on our behalf on a novel of customs and manners . . .

Maybe it isn't worth much: you be the judge of that!)."[17] The novel was to be *Les Lionnes de Paris*.

Many years later, in one of her last letters to Philarète Chasles, she entreats him to come to supper and mentions the guests she will have. Among them is the Marquis de Foudras. Her last novel, *Le Duc d'Athènes*, is prefaced by the Marquis. The Countess died the year of its publication, in 1852.

The Countess of Merlin was a talented individual. Her literary forte was reminiscing and depicting the life of the affluent and titled society of her times. She spotlighted her society with good psychological insight. In her writings she knew how to focus on little details with a dramatic *tour de force* and to draw the reader's interest by interspersing melodramatic episodes in the course of her narrative. Being romantic, she was far from accurate, but she knew what stories to recount out of her peripatetic life in an evocative and entertaining manner. One surely suspects that she would never have wanted her intimate correspondence to be published, but it helps the modern reader to understand a courageous, talented, and generous person as the counterpart of a modern woman writer.

NOTES

1. Luisa Herrera y Chacón, whose father was Gonzalo Luis Herrera y Berrio, fourth Marquis of Villalta. Domingo Figarola-Caneda, *La condesa de Merlin* (Paris: Editions Excelsior, 1928), p. 4.

2. The titles of Count of Jaruco and Mopox were acquired in the family for the distinction of founding new Spanish towns (or *villas*) in Cuba. Mercedes' father was the third Count of Jaruco and the first of Santa Cruz de Mopox. Figarola-Caneda, *op. cit.*, p. 1. (Mopox, at times Monpox.)

3. Teresa Montalvo was the daughter of the first count of Casa Montalvo, who held several titles at court and in the military. Figarola-Caneda, *op. cit.*, p. 3.

4. One senses that these facts are recollected and somewhat romanticized by the author in her memoirs. Accounts concerning the author indicate that, although her family preferred living in Madrid, the Count of Jaruco came back periodically to attend to his position and to his estate.

5. Mme. la Comtesse Merlin, *Souvenirs et mémoires* (Paris: Charpentier, Libraire-Editeur, 1836), II, 286.

6. Ibid., I, 135.

7. Ibid., I, 327.

8. The Convent of Santa Clara dated back to 1644. In describing life at

the convent in the 1800's, the Countess of Merlin points out that some of the nuns belonged to the most distinguished families of Havana, although not all had taken their vows for the same reason. There were those who had been educated in the convent and felt that this was their life, knowning no other world; while there were those who, having been deceived by life, sought consolation within cloistered walls. Others were sent to the convent to save the embarrassment of financial shortcomings in the family, and some were forced into the convent by the designs of ambitious parents. Such was the case of Madre Santa Inés, reportedly the nun whose thwarted love inspired the Countess to write the story of Sor Inés. In the novel, convent life is depicted as a travesty of religious vocation.

9. The Countess of Merlin made good use of her writings. Her letters concerning her trip to Havana were published serially in *La Presse de Paris* before appearing in book form. *Les Esclaves dans le colonies espagnoles* (Slavery in the Spanish Colonies) appeared in the *Revue des deux Mondes*, Paris (1841) XXVI, 754–769. The subject refers to a letter addressed to M. le baron Charles Dupin, which the author included later in the volume of *L'Havane* (Paris: 1844); however, it was omitted in the Spanish translation due to the fact that the matter would have been considered subversive by the Spanish colonial government, interested in maintaining a form of labor that sustained the economy of the island (Figarola-Caneda, pp. 152–55). From the intimate correspondence of the Countess, it seems the subject matter was published in the German press as well.

10. The term *lionnes* is defined in those days as "elegant and affected society women." Figarola-Caneda, pp. 177–78.

11. Domingo Figarola-Caneda was the founder and Director of the National Library of Havana and a member of the Academy of History of Cuba.

12. Doña Emilia Boxhorn, Vda. de Figarola-Caneda, "Prefacio," *Correspondencia íntima, Condesa de Merlin* (Madrid: Paris, Industrial Gráfica, 1928), p. vii.

13. The names and dates of the Count of Merlin vary according to sources. His wife in her memoirs refers to him as General Merlin. She is notoriously vague about dates. Figarola-Caneda points out the discrepancies in names and dates by quoting from *Armorial historique et généalogique des familles de Lorraine* (Paris: 1842), by J. Alcide Georgel; Révérend, *Titres et confirmations de titres* (Paris: 1909); and *Les Fastes de la Légion d'Honneur* (Paris: 1844); pp. 6 and 25–26.

14. Figarola-Caneda, quoting from *Les Academies des Femmes en France*, *op. cit.*, pp. 47–51.

15. A. Levin, *The Legacy of Philarète Chasles* (Chapel Hill, N.C.: University of North Carolina Studies in Comparative Literature, No. 17 (1957), p. xxii.

16. Ibid., p. xv.

17. Condesa de Merlin, *Correspondencia* (French text), ed. Figarola-Caneda, *op. cit.*, p. 259.

Index

About the Author

Dr. Marguerite C. Suárez-Murias is at present Professor of Spanish and Portuguese in the College of Letters and Science at The University of Wisconsin-Milwaukee. Professor Suárez-Murias is Cuban by birth, of Spanish and Belgian descent. Her early education was in Brussels, Havana, and Baltimore. She then attended The Johns Hopkins University to further her studies in Latin and enter Bryn Mawr College, where she received the degree of Bachelor of Arts in 1942. Years later, she resumed her studies at Columbia University, where she taught as Lecturer, obtaining an M.A. in 1953 and a Ph.D in 1957. Since then, Professor Suárez-Murias has taught in private colleges, at American University, The Catholic University of America (during summers), and was then appointed full professor at Marquette University. Professor Suárez-Murias joined the faculty of Wisconsin-Milwaukee in 1968. She has lectured in all fields of Spanish and Spanish American literature and enjoys teaching creative writing in Spanish.

In private life and in relation to her teaching profession, Professor Suárez-Murias has traveled extensively in England, Europe, Latin America, and South Africa, where she was guest professor at the University of South Africa, Pretoria. Professor Suárez-Murias is the author of *La novela romántica en Hispanoamérica* (New York: The

Hispanic Institute in the United States, 1963), *Antología estilística de la prosa moderna española* (New York: Las Americas Publishing Co., 1968), and has published a critical and annotated edition of José María Gironella's famous novel, *Los cipreses creen en Dios* (New York: Holt, Rinehart and Winston, 1969). The present anthology, *Essays on Hispanic Literature/Ensayos de literatura hispana*, represents a selection of her essays, some of which first appeared in leading American literary journals. Professor Suárez-Murias plans to continue teaching Hispanic literature and pursue her research interests in Andean expression in Spanish, comparative literature of the Antilles, and stylistics.